W0083449

Beat Balzli (Hg.), Volker ter Haseborg

# Frank Thelen

## Mein Leben, meine Firma, meine Strategie

Beat Balzli (Hg.),
Volker ter Haseborg

# Frank Thelen

## Mein Leben, meine Firma, meine Strategie

Bibliografische Information der Deutschen Nationalbibliothek

Die Deutsche Nationalbibliothek verzeichnet diese Publikation in der Deutschen Nationalbibliografie; detaillierte bibliografische Daten sind im Internet über http://dnb.d-nb.de abrufbar.

ISBN 978-3-96739-094-0

Lektorat: Anja Hilgarth, Herzogenaurach
Umschlaggestaltung: Martin Zech, Bremen | www.martinzech.de
Coverillustration: Nigel Buchanan
Beratung Coverillustration: Patrick Zeh
Bildredaktion: Patrick Schuch, Düsseldorf
Satz und Layout: Lohse Design, Heppenheim | www.lohse-design.de
Druck und Bindung: Salzland Druck, Staßfurt

Wir drucken in Deutschland.

www.gabal-verlag.de
www.gabal-magazin.de
www.facebook.com/Gabalbuecher
www.twitter.com/gabalbuecher
www.instagram.com/gabalbuecher

PEFC zertifiziert
Dieses Produkt stammt aus nachhaltig
bewirtschafteten Wäldern und kontrollierten
Quellen.

www.pefc.de

# Inhalt

Vorwort 9

ERSTES KAPITEL Skater, Schulverlierer,
Computer-Nerd 13

Ein Brett, das die Welt bedeutet 14
An der Schule ein Versager 17
Die richtige Ausbildung, der richtige Mentor 21

ZWEITES KAPITEL Absturz und Neustart 25

Endlich Unternehmer 26
Am Abgrund 29
Aufstehen 32
Neustart 34
Der erste große Exit 38

DRITTES KAPITEL Vom Gründer zum Investor 43

Das System Freigeist 44
Die Suche nach Start-ups 46

VIERTES KAPITEL  Das Wunder von Wunderlist –
ein Interview mit Christian Reber 53

Ein Rat, der Gold wert ist 54

FÜNFTES KAPITEL  In der Höhle der Löwen 65

Die Neugier auf das Medium Fernsehen 66

SECHSTES KAPITEL  Millionen-Exits, Schlammschlachten
und Pleiten: Über das Wesen von
Start-ups 75

Flugtaxis – verrückt oder genial? 76
Die größten Enttäuschungen 79
Keine Luftnummer 84

SIEBTES KAPITEL  Der Geist einer Flasche –
ein Interview mit Lena Jüngst
und Jannis Koppitz 87

Mit einer Bachelorarbeit fing alles an 88
Der schwierige Weg zum Geld 91
Die Zusammenarbeit mit Thelen 95
Der Durchbruch 102

ACHTES KAPITEL    Team Thelen: die Macher hinter dem
                  TV-Star – ein Interview mit Alex Koch,
                  Marc Sieberger, Marcel Vogler und
                  Niklas Hebborn  107

                  Von Frank überzeugt  108
                  Zu Unrecht belächelt:
                  Food-Start-ups  114
                  Franks Stärken und Schwächen  118


NEUNTES KAPITEL   Jetzt noch schnell die Welt retten  123

                  Neue Geschäftsfelder  124
                  Der Tech-Standort Deutschland  130
                  Die Probleme unserer Zeit  134
                  Vorbild: Elon Musk  139
                  Auf politischem Parkett  142


ZEHNTES KAPITEL   Thelen privat  147

                  Innerlich ein Zweifler  148
                  Ein Leben ohne Gott – aber mit Schutzengel  151

                  Zeittafel: Vom Schulverlierer zum bekanntesten
                  Start-up-Investor Deutschlands  154

                  Über die Autoren  156
                  Bildnachweis  158

# Vorwort

Die zentralen Fragen des Lebens kommen meist schlicht daher. »Wie baue ich erfolgreich ein Unternehmen auf?« ist so eine. Ein Heer von Gründerinnen und Gründern stellt sie sich regelmäßig. Ein Heer von Coaches, Unternehmensberatern und Managementgurus glaubt, die Antwort zu kennen.

Doch in Wahrheit ist alles viel komplexer. Von der DNA des Erfolges gibt es beinahe so viele Varianten wie von der menschlichen. Aber das richtige Zusammenspiel unzähliger Bausteine funktioniert nach ein paar Gesetzen, die sich in vielen Aufsteigergeschichten wiederholen. Diesen Regeln des richtigen Handelns will die *WirtschaftsWoche* mit der Buchreihe *Mein Leben, meine Firma, meine Strategie* nachspüren.

Ganz bewusst handelt es sich dabei nicht um herkömmliche Biografien. Stattdessen erzählen prominente Unternehmerpersönlichkeiten, die in ihrem Leben Außergewöhnliches geschaffen haben, über Höhen und Tiefen, ihre Stärken und Schwächen, ihre Tops und Flops.

So kommen Nahaufnahmen von Menschen zustande, die sich sonst nur einem engen Kreis Vertrauter öffnen. Sie lüften Geheimnisse, sprechen über richtiges Timing, falsche Freunde, einmalige Chancen, umstrittene Entscheidungen, großes Glück, große Fehler – und den unbedingten Willen, es trotzdem zu schaffen.

Kaum jemand kann über das Auf und Ab, über schnelle Trends und krachende Niederlagen so authentisch sprechen wie Frank Thelen.

Mit seinem Werdegang passt er in kein Schema: aufgewachsen in Bonn, vom Gymnasium geflogen, die erste Pleite mit 22. Doch dann: ein Millionen-Exit und die Wandlung vom Gründer zum Start-up-Investor. Seit er in der Fernseh-Show »Die Höhle der Löwen« war, kennt ihn jeder. Wenn es jemanden gibt, der Start-ups in Deutschland »trendy« gemacht hat, dann ist es Frank Thelen.

Seit mehreren Jahren widmet er sich nun der Mission, einen neuen deutschen Tech-Weltmarktführer aufzubauen. Darüber kann man lachen – oder die Notwendigkeit einer Mission wie dieser anerkennen.

Thelen ist eine Marke geworden, die seine Fernseh-Berühmtheit in den sozialen Netzwerken ausspielt. Dabei nimmt er kein Blatt vor den Mund – er gibt Politikern genauso ehrlich Feedback wie den jungen Gründern, die seine Firma finanziert.

Nicht alle nehmen ihn ernst. Nicht wenige zweifeln an seinen Erfolgsgeschichten. Eins ist aber sicher: Dieser Frank Thelen lässt keinen kalt.

WiWo-Reporter Volker ter Haseborg kennt Frank Thelen seit Jahren, hat immer wieder – auch kritisch – über ihn berichtet. In stundenlangen Gesprächen hat er mit Thelen, dessen engsten Mitarbeitern sowie mehreren von Thelen unterstützten Gründern gesprochen. Das Ergebnis ist dieses Buch. Eine ungewöhnliche Biografie, die viel über den Zustand der deutschen Start-up-Republik erzählt.

Beat Balzli

Frank Thelen kommt 1975 in Bonn zur Welt und wächst im Ortsteil Bad Godesberg auf. Geprägt wird er von seinen Eltern, die ihm Ehrlichkeit und Fleiß vermitteln - Fleiß, der ihm in der Schule zunächst fehlt.

Frank hasst die Schule und geht lieber skaten. Im Skateboardfahren sieht er heute viele Parallelen zu seinem Leben als Unternehmer.

Sein Vater ist es schließlich, der ihn auf die Idee für eine Berufsausbildung bringt, die aus dem Schulverlierer einen erfolgreichen Absolventen macht.

# ERSTES KAPITEL

# Skater, Schulverlierer, Computer-Nerd

# Ein Brett, das die Welt bedeutet

**Frank, von dir stammt der Satz: »Ohne das Skateboard wäre ich nicht da, wo ich heute bin.« Das musst du erklären.**

▶ Beim Skateboarden habe ich gelernt, wieder aufzustehen. Um beim Skaten ans Ziel zu kommen, musst du hinfallen. Bei anderen Sportarten, etwa beim Tennis, gehst du nicht bewusst das Risiko ein, dir ein Bein zu brechen. Beim Skaten muss man in Kauf nehmen, sehr oft hinzufallen. Das ist der einzige Weg, um richtig gut zu werden. Beim Hinfallen und beim Aufstehen war mir klar: Ich kann es schaffen.

**Wie bist du zum Skaten gekommen?**

▶ Die coolen Jungs meiner Schule fuhren alle Skateboard. Sie hatten eine Rampe gebaut und waren nach der Schule immer dort. Alle Mädels haben zugeschaut. Ich konnte nicht skaten – aber ich wollte auch cool sein, ich wollte in diesen Club rein.

*Beim Skateboarden habe ich gelernt, wieder aufzustehen. Um beim Skaten ans Ziel zu kommen, musst du hinfallen.*

**Und, hast du es geschafft?**

▶ Ja! Ich bin sehr viel geskatet, in den Pausen, nach der Schule. Ich bin auf der Straße geskatet, am Domplatz, am Bonner Loch, an U-Bahn-Stationen. Einer der Tricks hieß »Three Sixty Kickflip varial«. Ich habe ihn vier Stufen abwärts gemacht: anfahren, springen, das Brett muss sich dabei einmal um 360 Grad drehen. Da konnte man sich leicht eine Verstauchung oder einen

Bruch holen. Ich bin auch Handrail gefahren, das habe ich dann aber gelassen, es war zu riskant. Mein wahrscheinlich krassester Trick hieß »Blunt Kickflip to fakie«: Ich fuhr eine Rampe bis zur Metallkante hoch, dort stand ich vertikal auf dem Tail und bin mit einem Kickflip zurück in die Rampe. Allerdings bin ich meist auf meiner Hüfte gelandet, so lange, bis ich die Schmerzen nicht mehr ertragen konnte.

Früher wie heute sicher auf dem Board: Frank Thelen

**Klingt gefährlich. Welche Verletzungen gab es?**

▶ Ich hatte unfassbar viele Prellungen und konnte selten schmerzfrei laufen. Ich fiel immer wieder auf die Seite, einmal brach ich mir den Arm. Insgesamt war ich aber recht wenig verletzt. Wir trugen damals keine Schoner, das wäre uncool gewesen. Heute halte ich das für unfassbar dumm.

**Hast du auch bei Wettbewerben mitgemacht?**

▶ Ich war nie Profi. Aber einmal gewann ich in Frankreich einen Wettbewerb, ich sprang mit meinem Board über sieben aufeinandergestapelte Bretter. Außerdem engagierte ich mich für einen Skate-Park in meinem Heimatort Bad Godesberg, ich saß tagelang vor dem Büro des Bürgermeisters, bis ich ihn endlich erwischte und überzeugte. Der Skate-Park wurde dann auch wirklich gebaut. Später baute ich in der Rheinaue mit an der größten Halfpipe Europas. Mein ganzes Leben drehte sich ums Skaten.

# An der Schule ein Versager

**Wie war es, in den 80er-Jahren in Bonn aufzuwachsen?**

▶ Bonn war die **B**undeshauptstadt **o**hne **n**ennenswertes **N**achtleben. Es war ruhig, sehr spießig. Damals war ja hier noch die Bundesregierung, viele Diplomaten lebten in der Stadt. Ich wuchs eher einfach auf. Meine Eltern hatten kein Haus, sondern eine Wohnung. Mit den Diplomatenkindern aus den Villenvierteln hatte ich nichts zu tun.

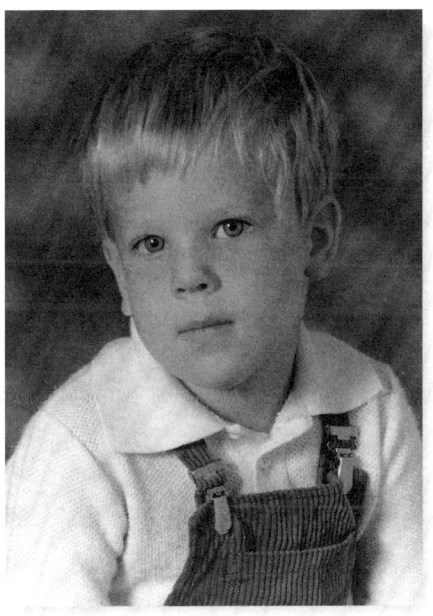

Frank im Jahr 1980 im Alter von fünf Jahren

**Was haben deine Eltern gemacht?**

▶ Mein Vater verkaufte Funkgeräte, später Mobiltelefone. Er arbeitete für einen kleinen Mittelständler. Als der pleiteging, verkaufte er Autoersatzteile. Keine klassische Managementkarriere. Keiner in meiner Familie hat studiert, wir stammen aus der Arbeiterklasse.

**Und deine Mutter?**

▶ Sie war Visagistin und verkaufte später im Reformhaus, um etwas dazuzuverdienen.

**Was haben dir deine Eltern mitgegeben fürs Leben?**

▶ Ehrlichkeit. Und in ihrer Beziehung gab es nie schlimmen Streit, das war ein sehr stabiles Umfeld. Sie sagten: Sei ein vernünftiger Kerl, leb dein Leben. Wenn ich Mist gebaut hatte, wusste ich immer, dass sie mir trotzdem helfen. Was sie mir nicht mitgaben: Bildung und große Visionen. Sie haben nicht gesagt: Wenn du Präsident werden willst, dann werde halt Präsident. Das war nicht ihre Welt.

**Wie war Schule für dich?**

▶ Total schlimm! Ich verstand überhaupt nicht, warum ich das machen sollte. Ich wollte nur Skateboard fahren. Keiner erklärte mir, dass man in der Schule eine Wissensgrundlage bekommt, auf deren Basis man später Flugzeuge oder Raketen bauen kann. Das ist das, was mir heute so am Herzen liegt: Wissen ist Macht – jeder kann die Welt verändern. Das versuche ich der Jugend mitzugeben: Lernt jetzt die Grundlagen.

Familienurlaub: die Thelens auf Bootstour

**Warum bist du von der Schule geflogen?**

▶ Ich hatte am Gymnasium Pech mit den Lehrern, es waren nicht die motiviertesten – ich aber ehrlicherweise auch nicht. Ich habe nichts gelernt, schlechte Noten, vor allem in Latein. Rotes Lateinbuch – sum, es, est, sumus, estis, sunt … und so weiter – das ging nicht in meinen Kopf. Ich bin dann auf eine Realschule gewechselt.

**Wie war der Wechsel?**

▶ Ziemlich ungewohnt. Die neue Schule war eine Haupt- und Realschule in einem Brennpunkt. Es herrschte ein rauerer Ton. Es gab Straßenkämpfe, hier musste ich schon mal einstecken. Immerhin: Ich schaffte die Mittlere Reife. Neben meiner Liebe fürs Skateboard gab es noch das Interesse für Computer. Das kam aber erst relativ spät.

**Warum das?** Ich hätte gedacht, dass du als Tech-Nerd schon mit fünf Jahren mit dem Programmieren begonnen hättest.

▶ Nein, ich fuhr lieber Skateboard. Aber dann kam der 386er-Computer raus. Mein Opa schenkte uns einen und ein Kollege meines Vaters installierte ihn. Ich machte das Ding an und gab Format:C ein. Ich wusste nicht, was ich da tue. Ja, und dann war die Software des Computers »kaputt«. Mein Großvater ist ein cooler Typ und ich habe sein Geschenk zerstört ... Das tat mir unfassbar leid. Ich sagte: Ich werde das reparieren. Also rief ich Freunde an, las Handbücher und installierte den Computer neu. So entstand mein Interesse. Ich interessierte mich nicht für Computerspiele, sondern dafür, wie Betriebssysteme funktionieren.

*Ich machte das Ding an und gab Format:C ein. Ich wusste nicht, was ich da tue.*

# Die richtige Ausbildung, der richtige Mentor

**Wie ging es dann weiter?**

▶ Meine Schwester hatte ein Einser-Abi. Sie studierte nicht, weil das für uns Arbeiterkinder gar nicht zur Debatte stand. Sie machte eine Lehre zur Hotelfachfrau. Mit ihrem tollen Abi galt sie in der Familie als elitär. Meinem Vater wurde wohl klar, dass aus mir nichts wird, wenn ich so weitermache. Im Bonner Generalanzeiger hatte er eine Anzeige gelesen: Eine neue Schule für Elektrotechnik und Informationstechnik hatte aufgemacht. Mit Mittlerer Reife konnte man sich bewerben. Er schleppte mich morgens hin und sagte: Schau mal, dass du da angenommen wirst.

**Wie war die Aufnahmeprüfung?**

▶ Es gab Multiple-Choice-Fragen – und ich wusste nichts. Glücklicherweise saß neben mir jemand, der sich sehr gut vorbereitet hatte. Bei dem schrieb ich alles ab. So kam ich auf die Schule. Der Typ, bei dem ich abgeschrieben hatte, wurde auch aufgenommen – im Gegensatz zu mir packte er die Ausbildung aber nicht.

**Wie wurde aus dem Schulverlierer ein erfolgreicher Absolvent?**

▶ Die Ausbildung war hart, aber die Bedingungen waren gut: Ich fand einen Mentor, der mir zeigte, was alles möglich ist. Die Lehrer waren gut, die Themen waren interessant.

Cooler Pulli, schlechte Leistungen: Thelen musste
vom Gymnasium auf die Realschule

**Erzähl doch mal, was für eine Ausbildung das genau war.**
▶ Ich bin staatlich geprüfter Informationstechnischer Assistent.
50 Prozent Elektrotechnik, 50 Prozent Informatik. Ich lernte, was eine
Platine ist, wie man lötet, wie man Computer vernetzt und wie ein
Datenpaket durch Netzwerke geht. Parallel entwickelte ich das erste
Bildtelefon der Welt mit.

## Wie bitte?

▶ Jetzt kommt mein Mentor ins Spiel: Martin Hubert. Ich brauchte für die Ausbildung einen Praktikumsplatz. Ein Freund einer guten Freundin hatte eine Computerfirma. Ich ging hin und stand im Start-up »Chips at Work« von Martin. Er machte das Gehäuse eines Computers auf und fragte mich, was ich sehe. Ich konnte ihm die Bauteile des Rechners genau benennen: die CPU, die RAM-Module, die Netzwerkkarte am ISA-Bus. So bekam ich das Praktikum.

## Was hat dir dein Mentor beigebracht?

▶ Er zeigte mir, dass man alles erreichen kann. Seine Firma machte viel für die Telekom. Unter anderem das erste Bildschirmtelefon. Das funktionierte nicht über das Internet, sondern über die Telefonleitung ISDN. Für mich war die Arbeit im Start-up eine völlig neue Welt: Die Mitarbeiter waren Helden für mich, wir haben die ganze Nacht durchprogrammiert. Dass ich da mitmachen durfte, war ein Glücksfall. Ich lebte in der Firma, arbeitete dort auch während der Ausbildung. Das gefiel Martin Hubert und er förderte mich. Zum Beispiel durfte ich für den Internetdienstanbieter 1&1 eine Bestellsoftware entwickeln.

*Für mich war die Arbeit im Start-up eine völlig neue Welt: Die Mitarbeiter waren Helden für mich, wir haben die ganze Nacht durchprogrammiert.*

## Wie hast du das Programmieren gelernt?

▶ Martin drückte mir ein Buch in die Hand, Visual Basic 3.0 Pro, und zwölf Disketten mit der Software, und sagte: Lern das. Ich las jede Seite und kaufte mir zwei weitere Bücher. Wenn ich Fragen hatte, durfte ich zu meinen Kollegen gehen. So fraß ich mich da hinein.

Nach der Ausbildung gründet Frank Thelen seine erste
Firma. Es läuft gut, er tut sich mit einem anderen
Gründer zusammen, ihr gemeinsames Unternehmen
ist die Twisd AG. Es ist die Zeit des Neuen Marktes,
in der das Geld der Investoren locker sitzt.
Auch Thelen genießt die Zeit. Er hebt ab.

Doch dann kracht der Neue Markt zusammen – die
Twisd AG muss Insolvenz anmelden. Es ist der Tiefpunkt
in Thelens Leben.

Doch dann: der Neustart. Thelen gründet eine neue
Firma, die zum Erfolg wird.

# ZWEITES KAPITEL

# Absturz und Neustart

# Endlich Unternehmer

**Die Ausbildung hat dir das Fachabitur gebracht.**

▶ Ja, und ich fing an, an der Hochschule Bonn-Rhein-Sieg Informatik zu studieren. Nicht lange. Ich kannte die Themen bereits, die meisten Professoren hatten weniger Ahnung als ich. Ich übernahm teilweise sogar Vorlesungen, weil ich mir nicht anhören konnte, was die Professoren da über Windows und Linux erzählten. Meine Uni-Karriere dauerte ein halbes Jahr, dann war ich weg …

**… um Start-up-Gründer zu werden.**

▶ Genau. Ich hatte gesehen, wie Martin seine Firma aufgebaut hatte. Das war super inspirierend. Deshalb machte ich mich selbstständig mit meiner Firma Softer Solutions.

**Was hast du mit deiner neuen Firma gemacht?**

▶ Ich programmierte gegen Stundenlohn für andere Firmen. Damals klebte auf fast jeder Zeitschrift eine Multimedia-CD. Einige davon waren von mir. Irgendwann stellte ich meinen ersten Mitarbeiter ein, mietete ein erstes Büro in Bonn an. Das war magisch. Ich stolperte einfach so in das Unternehmertum. Einen Masterplan hatte ich nie. Ich programmierte einfach jeden Tag von morgens bis abends.

*Ich stolperte einfach so in das Unternehmertum. Einen Masterplan hatte ich nie.*

**Dein erstes größeres Unternehmen hieß Twisd AG. Wie war die Entstehungsgeschichte?**

▶ Das Geschäftsmodell meiner ersten Firma war überhaupt nicht clever. Ich hatte meine Leistung unter Wert angeboten. Da lernte ich Severin Tatarczyk kennen, er installierte in Bonn für Anwaltskanzleien und Arztpraxen lokale Netzwerke und verdiente mit deren Betreuung und mit Schulungen gutes Geld. Viele seiner Kunden wollten Webseiten haben, aber er konnte nicht programmieren. So legten wir unsere Geschäfte zusammen. Es lief gut, aber ich wollte ein eigenes Produkt bauen, das wir millionenfach verkaufen könnten.

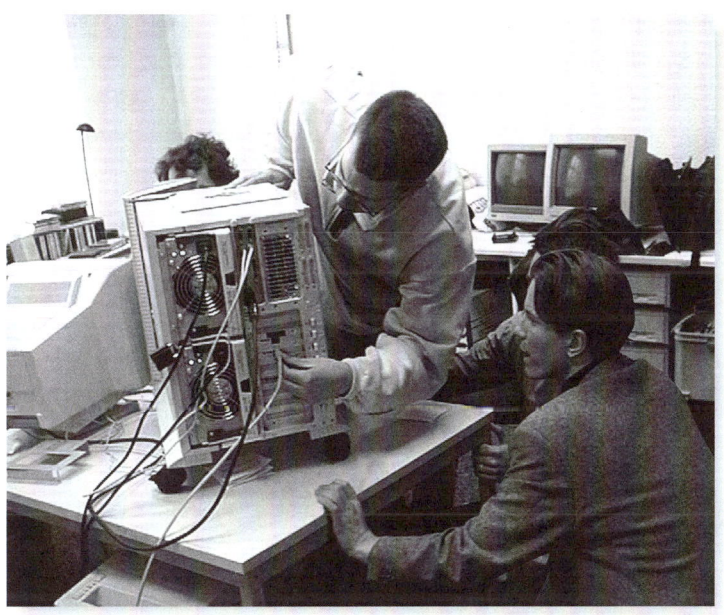

Thelen bei der Arbeit in seiner ersten großen Firma: der Twisd AG

**Und was war dieses Produkt?**

▶ Eine kleine Box, mit der unsere Kunden ihren Internetzugang selbst organisieren konnten. Jeder Kunde konnte sein eigenes Netzwerk aufsetzen. In der Box war eine Firewall, man konnte Faxe darüber empfangen. Die Twisd AG gründeten wir, weil wir damit an die Börse gehen und Millionen einsammeln wollten, um unser Produkt ganz groß rauszubringen. Das war Ende der 90er-Jahre. Severin kannte unfassbar viele Leute. So konnten wir auf der Computermesse Cebit unsere Box vorstellen.

**Was war das für eine Zeit damals?**

▶ Ich war der kleine Junge, der in die große Welt kommt. Es war die Zeit des Neuen Marktes, es gab extrem viele Börsengänge, viel Geld im Markt, die Stimmung war großartig. Auf Messen wie der Cebit, wo alle großen Firmen waren, hieß es abends schon mal: Wir gehen jetzt in den Club, geht alles auf die Firmenkarte. Da wurde eine Menge Geld rausgeballert. Super interessant. Wir Internet-Experten hielten uns für die Könige der Welt, wurden überheblich.

**Woher kam diese Überheblichkeit?**

▶ Wir hatten mit der Twisd AG 1,4 Millionen Mark von einem Investor bekommen. Das war damals viel Geld! Unser Plan war es, damit die Box zu bauen und dann an die Börse. Damit sind wir krachend gescheitert.

# Am Abgrund

**Wann habt ihr angefangen, Fehler zu machen?**

▶ Diese Menge Geld war schlecht für uns alle. Wir legten uns Firmenautos zu, ich bestellte einen BMW 330i, voll ausgestattet, mit Fernseher drin. Ich war damals 22 Jahre alt!

**Was wolltest du mit dem Auto zeigen? Dass es der Schulverlierer Frank jetzt doch zu etwas gebracht hat?**

▶ Sicherlich wollte ich meinem Ego etwas Gutes tun. Wie die meisten Männer, die sich teure Autos zulegen. Meine Lehrer waren sicher gewesen, dass aus mir nichts werden würde. Ich wollte ihnen das Gegenteil beweisen.

**Kann man sagen, dass du damals nicht mit Geld umgehen konntest?**

▶ Ich setzte das Geld unseres Investors nicht mutwillig aufs Spiel oder brannte damit durch! Ich wollte diese Firma ernsthaft aufbauen und an die Börse bringen. Aber wir wuchsen zu schnell. Alle Start-ups mit VC leisteten sich zu aufwendige Büros, es ging nur darum, möglichst groß auszusehen und an die Börse zu gehen.

**Welche Fehler habt ihr gemacht?**

▶ Wenn ich heute in ein Start-up investierte, schaue ich sehr genau, wie das Geld ausgegeben wird. Wir hatten damals ein echt gutes Produkt – aber wir achteten nicht darauf, ob es auch jemand kaufen will. Wir hatten keine Verkaufsstrategie. Ich war CTO, aber ich hätte mich auch um den Vertrieb kümmern müssen. Selbst unserem Aufsichtsrat waren die schlechten Verkaufszahlen egal. Es war eine verrückte Zeit! Ich durfte viel lernen.

**Die Partystimmung am Neuen Markt jedenfalls war Anfang der Nullerjahre vorbei.**

▶ Ja. Und wir brauchten neues Geld. Unsere Bank gab uns einen Kredit über zwei Millionen Mark – unter der Bedingung, dass wir privat dafür bürgen. Es klang wie eine Formalie. Severin und ich unterschrieben. Ich wollte das Produkt

Anfangs erfolgreich: Thelen sammelte als Chef der Twisd AG 1,4 Millionen Mark bei einem Investor ein

30

weiterentwickeln. Für mich zählte nur die nächste Version mit mehr Features. Das war der größte Fehler meines Lebens. Mir war überhaupt nicht bewusst, dass der Markt gerade zusammenbrach. Mir war Geld egal – Hauptsache, ich konnte meine Programmierer weiter bezahlen.

**Welche Folgen hatte der Zusammenbruch des Neuen Marktes für euch?**
▶ Der Börsengang platzte. Wir waren zu spät. Große Messen, auf denen wir hätten verkaufen können, gab es nicht mehr. Die Kunden waren weg. Dann stellte die Bank den Kredit fällig …

**… und forderte die Bürgschaft zurück.**
▶ Ich stand vor einem Scherbenhaufen. Meine Mutter rief mich an: Ein Brief von der Bank war gekommen. Plötzlich hatte ich eine Million Mark Schulden, sollte allein 80.000 Mark Zinsen im Jahr zahlen. Meine Mutter weinte.

*Nachdem wir die Firma an den Insolvenzverwalter übergeben hatten, fuhr ich nach Hause zu meinen Eltern und vergrub mich in meinem Kinderzimmer.*

**Wie hast du das Ende eurer Firma erlebt?**
▶ Ich musste alle Mitarbeiter entlassen. Darin war ich völlig unerfahren. Aber: Ich war der Kapitän dieses Schiffes. Obwohl wir Gründer finanziell den größten Schaden hatten, stellten wir uns vor das Team, erklärten das Ende und zahlten ein letztes Mal die Gehälter. Ich war körperlich am Ende, hätte mich die ganze Zeit am liebsten erbrochen. Nachdem wir die Firma an den Insolvenzverwalter übergeben hatten, fuhr ich nach Hause zu meinen Eltern und vergrub mich in meinem Kinderzimmer.

# Aufstehen

**Wie tief war das Loch, in das du gefallen bist?**

▶ Es war sehr, sehr tief. Mehrere Wochen lag ich im Bett, konnte nicht mehr aufstehen. Meine Freunde hatten ihren ersten Job, das erste Auto. Ich hatte nichts – der Dienst-BMW war weg, ich hatte keine eigene Wohnung, keine Freundin, kein Mobiltelefon, keine Perspektive. Ich dachte: Mein Leben ist vorbei. Dazu kam ich ja aus einer gewissen Flughöhe, war vorher auf jeder Party eingeladen gewesen, und jetzt wollte mich niemand mehr sehen.

**Wie haben deine Eltern dich in dieser Zeit begleitet?**

▶ Sie waren schockiert, standen aber immer zu mir. Ich merkte, dass sie mit ihrem Latein am Ende waren. Meine Schulden, das waren Beträge, die jenseits ihrer Vorstellungskraft lagen.

**Was hast du in dieser Zeit gelernt?**

▶ Dass man so tief fallen kann, wusste ich theoretisch. Nun erfuhr ich am eigenen Leib, wie schlimm es wirklich ist. Unternehmertum kann auch schiefgehen – und zwar sehr schnell.

**Wie bist du aus dem Loch herausgekommen?**

▶ Mein Vater sagte irgendwann: So geht das nicht weiter, sieh zu, dass du wieder aufstehst. Ich begann wieder zu programmieren. Und ich fing an, mit klugen Rechtsanwälten über meine Situation zu sprechen. Das war mein Glück, denn die Anwälte zeigten mir, dass ich mit meiner Bank einen Vergleich verhandeln konnte. Ich zahlte 500 Euro

Keine Wohnung, keine Freundin, kein Dienstauto:
Nach der Pleite der Twisd AG fiel Thelen in ein tiefes Loch

monatlich ab, aufgeteilt auf 120 Raten. So konnte ich mit 26 Jahren mein zweites Leben starten.

**Welche Ratschläge kannst du anderen Unternehmern aus dieser Situation des Scheiterns geben?**

▶ Hol dir niemals einen Kredit, den du nicht innerhalb von fünf Jahren zurückzahlen kannst. Und überleg dir gut, wie weit du mit deinem privaten Geld hineingehen willst. Ich rate vielen unserer Start-up-Unternehmer davon ab, bei weiteren Finanzierungsrunden eigenes Geld nachzuschießen. Das ist zu riskant.

# Neustart

**Warum bist du damals trotzdem Unternehmer geblieben?**

▶ Das ist wohl etwas, das ich in mir habe. Ich baue gerne den ganzen Tag an meinen Projekten. In definierten Systemen komme ich überhaupt nicht klar, da werde ich wie Sondermüll entsorgt. Ich komme mit großen Organisationen nicht klar, weil ich anders ticke. Es war nie mein Ansporn, ein erfolgreicher Unternehmer oder Millionär zu werden. Ich habe immer gebaut, und irgendwann wurde etwas Sinnvolles daraus.

**Wie bist du auf die Erfolgsspur gekommen?**

▶ Der Markt für digitale Fotos explodierte. Alle hatten plötzlich Digitalkameras, alle großen Filmentwickler stellten Programmierer ein. Ich hatte die Internetseite bilder.de reserviert und wollte dort einen Marktplatz für Fotografen und Bilder aufbauen. Ich war – mal wieder durch Zufall – in einen attraktiven Markt gestolpert, ohne Vision, nur indem ich einfach machte. Meine Idee war eine Plattform, auf der man seine digitalen Fotos verwalten und sich daraus Abzüge oder Poster bestellen kann. Damals fand ich übrigens auch meine beiden engsten Geschäftspartner, mit denen ich bis heute gemeinsam Firmen aufbaue.

*In definierten Systemen komme ich überhaupt nicht klar, da werde ich wie Sondermüll entsorgt.*

**Wer ist das?**

▶ Das ist zum einen Alex Koch, den ich bei einem Projekt beim Filmbelichter CeWe Color als Konkurrenten kennenlernte. Ich warb ihn ab, weil er technisch viel mehr draufhatte als ich. Nun brauchten wir noch einen BWLer, der sich mit Finanzen auskennt. Mir fiel Marc Sieberger ein, ich kannte ihn vom Skaten, und zeitweise hatten wir in einer WG in Bonn gewohnt. Marc war auf der Eliteuni WHU in Vallendar gewesen. Er verließ den sicheren Pfad einer möglichen Karriere als Unternehmensberater und sprang ins Risiko. Ich nahm die Rolle des CEO ein. Wir gründeten die Firma ip.labs.

Preisträger: Thelen 2006 mit ip.labs-Partner Marc Sieberger

**Und damit zurück zu der Foto-Software, die ihr entwickelt habt.**

▶ Unser Produkt war Hightech, man konnte per Mausklick Fotobücher drucken. Unsere Wettbewerber lagen weit hinter uns. Wir zahlten uns viele Monate kein Gehalt, weil wir wachsen wollten. Schließlich waren wir 60 Leute und machten einen Millionenumsatz. Die Firma war alles für mich. Ein Privatleben hatte ich nicht, das Ding hätte ja jeden Tag umkippen können.

**Muss man das wissen, dass man als Start-up-Unternehmer 24 Stunden an sieben Tagen arbeitet?**

▶ Work-Life-Balance ist keine Option, wenn du ein Unternehmen aufbauen willst. Bei einem Tech-Unternehmen in einem aggressiven Markt geht das nicht. Ich mache das heute nicht mehr, weil ich es körperlich nicht mehr könnte und auch nicht mehr jeden Tag erst um 23 Uhr aus der Firma kommen möchte. Meiner Frau musste ich damals nicht erklären, dass es beim Gründen keine Work-Life-Balance gibt, wir hatten uns so kennengelernt. Häufig kam ich um 21.30 Uhr von der Arbeit, wir gingen essen und kaum stand das Essen auf dem Tisch, rief ein Kunde an. Ich musste zu meiner Frau sagen, sorry, ich muss noch mal für eine Stunde weg. Das unterschätzen die Leute. Ich machte zehn Jahre keinen Urlaub. Das war okay, ich liebte meine Arbeit. Wenn ich heute höre, dass Leute noch mehr Urlaub haben wollen, dann denke ich: Ihr seid nicht zu 100 Prozent Unternehmer. Das ist ja auch nicht schlimm, nicht jeder muss Vollblut-Unternehmer sein.

Hochzeit im Jahr 2006: Thelen mit seiner Frau Nathalie

# Der erste große Exit

**Was waren die Höhepunkte von ip.labs?**

▶ Der rasend schnelle Aufbau. Wir entwickelten das Produkt und verkauften es parallel sehr progressiv. Wir versprachen immer mehr, als wir im Moment erfüllen konnten – lieferten dann aber auch. So hatten wir irgendwann 100 Millionen Kunden auf unserer Plattform.

**War es immer das Ziel, die Firma zu verkaufen?**

▶ Wir hatten keinen Plan. Irgendwann klopften Kapitalgesellschaften an, die investieren wollten. CeWe Color wollte uns übernehmen, machte ein Angebot von oben herab. Wir fragten den japanischen Konkurrenten Fujifilm, für den wir auch schon gearbeitet hatten, ob er nicht Lust hätte, uns zu übernehmen. Damit begann ein sehr langer, sehr komischer Prozess.

**Inwiefern komisch?**

▶ Der Film »Lost in Translation« trifft genau das, was wir erlebten. Du kannst gut mit Leuten verhandeln, die deine Sprache sprechen. So war das mit den Japanern nicht. Eine Delegation nach der nächsten kam eingeflogen. Teilweise schliefen sie ein, wenn ich präsentierte. Das war alles recht gruselig. Irgendwann flog der globale Foto-Chef ein, wir gingen essen. »We will do it«, sagte er. Und über Wochen passierte nichts. Dann flogen wir nach Japan. Wir fragten uns: Was geht hier ab? Wollen die uns veräppeln? Der Prozess zog sich mindestens ein halbes Jahr hin.

Lost in Translation: Thelen am Rande
der Übernahmeverhandlungen mit Fujifilm

**Woran hat es gehakt?**

▶ Im Verkaufsvertrag stand, dass wir das Doppelte des Kaufpreises als Schadensersatz zahlen müssten, wenn es zu einem Chemieunfall im Unternehmen kommt. Wie sollte es in einer Softwarefirma zu einem Chemieunfall kommen? Die Anwälte sagten, das stehe standardmäßig in Verträgen und es würde Wochen dauern, die Klausel herauszuverhandeln. Also haben wir überlegt: Was ist, wenn die Kaffeemaschine überläuft? Hatten wir irgendetwas übersehen? Ich wollte schließlich nicht noch einmal mit einem riesigen Schuldenberg dastehen. Es ist schwierig, mit einem gewissen Augenmaß in einen derartigen Verkaufsprozess zu gehen.

Gründer aus Überzeugung: Thelen mit seinen Partnern
Marc Sieberger (links) und Alex Koch (rechts)

**Ihr habt eure Firma dann für 10 Millionen Euro verkauft. Warum war es das Richtige?**

▶ Ich war durch eine harte Zeit gegangen, hatte intensiv und lange gelitten. Es war sehr verlockend, finanziell unabhängig zu sein und endlich mal wieder in Ruhe zu schlafen. Außerdem hatte ich inzwischen eine sehr erfolgreiche Kieferorthopädin geheiratet und wollte nicht, dass Nathalie für immer unser Leben finanzieren musste.

**Gibt es eine Faustregel, wann man es nicht machen sollte?**

▶ Ich denke, dass Start-ups in Deutschland generell zu früh verkaufen. Wir brauchen mehr Firmen, die langfristig aufgebaut werden. Weil ich verstehe, dass sie finanziell unabhängig sein wollen, bieten wir unseren Start-up-Gründern immer an, dass sie nur einen Teil ihrer Firma verkaufen, damit sie schon mal ihr Haus haben. Wenn sie einen Teil ihres Vermögens hinter die Firewall gebracht haben, können sie größer und langfristiger denken.

**Wie ging es für euch mit Fujifilm weiter?**
▶ Wir mussten noch zwei Jahre als angestellte Manager im eigenen Unternehmen bleiben. Das war frustrierend. Wir hatten vorher bis zu 300 neue Kunden pro Jahr gewonnen, nach dem Verkauf fielen wir auf fünf Kunden zurück. Es gab immer juristische Bedenken, irgendwelche Vorgaben. Das war eine Vollbremsung. Auf der anderen Seite war es aber auch die komplette Entspannung, weil wir jetzt Zeit hatten, uns nach anderen Dingen umzusehen.

**Bevor ihr zu Start-up-Investoren geworden seid, habt ihr allerdings noch selbst eins gegründet. Die Dokumenten-App Doo. Ein Flop.**
▶ Stimmt. Die Plattform war nicht erfolgreich. Obwohl das Produkt – das Verwalten von Dokumenten in der Cloud – gut war. Wir wollten Dokumente aus E-Mails, aus dem Onlinebanking, aus Google Drive durch diese App bündeln. Kontoauszüge etwa sollten mit den entsprechenden Rechnungen verknüpft werden. 10 Millionen Euro Kapital waren schnell eingesammelt, wir arbeiteten zwölf bis 16 Stunden am Tag. Am Ende klappte es trotzdem nicht. Wir waren 2011 zu früh dran. Die Leute vertrauten damals Cloud-Speichern noch nicht, wir bekamen keine neue Finanzierung und beendeten das Projekt. Ich musste viel Häme einstecken, weil ich mit meiner Dokumenten-Revolution gescheitert war. Immerhin: Aus der Dokumenten-Scanner-App von Doo entstand eine eigene Firma, die es bis heute gibt: Scanbot. 2016 gaben wir das Management von Scanbot ab, um uns voll und ganz auf Freigeist zu fokussieren.

Durch den Verkauf ihrer Firma ip.labs werden Thelen und seine Mitgründer Millionäre. Was jetzt? Was anfangs eher wie Mäzenatentum anmutet, wird zum Geschäftsmodell für Thelens neues Betätigungsfeld: Er gibt anderen Gründern Geld, damit sie ihre Ideen umsetzen können.

Die Beteiligungsgesellschaft Freigeist entsteht. Doch wie findet man die richtigen Gründer? Wie müssen sie sein? Was müssen sie können? Thelen liefert Antworten darauf aus Erfahrungen, die er selbst als Gründer gemacht hat.

# DRITTES KAPITEL

# Vom Gründer zum Investor

# Das System Freigeist

**Wie seid ihr Start-up-Investoren geworden?**

▶ Nach dem Notartermin mit Fujifilm saßen Marc und ich im Auto und überlegten, was wir mit dem ganzen Geld machen wollten. Wir beschlossen, eine Million auf ein Konto zu packen und in 100.000-Euro-Paketen an Gründer zu geben, um ihnen zu helfen. Schließlich wussten wir, wie schwierig es ist, ein Unternehmen aufzubauen. Dafür gründeten wir eine GmbH. Anfangs hatten wir nicht den Plan, als Investoren Geld zu verdienen.

**Den Technik-Experten Alex Koch und den Finanz-Mann Marc Sieberger hast du schon genannt. Wer gehört sonst noch zu den Partnern bei Freigeist?**

▶ Außer uns drei Gründern haben wir noch zwei weitere Partner im Team: Marcel Vogler und Niklas Hebborn. Beide kommen von der WHU. Das sind die Gesellschafter.

**Gibt es bei Freigeist noch weitere Investoren außer euch drei Gründern?**

▶ Zwischenzeitlich investieren zwei weitere Freunde von uns bei Freigeist: Christian Reber, den ich seit unserer gemeinsamen Zeit bei Wunderlist kenne, und Daniel Arnold, der die Deutsche Reihenhaus AG gründete. [Anm. d. Red.: Mehr zur To-do-Listen-App »Wunderlist« weiter unten.]

Partytime: Christian Reber und Frank Thelen mit den Wunderlist-
Mitgründern Charlette Prévot (links) und Steffen Kiedel (rechts)
sowie Freigeist-Partner Marc Sieberger (Mitte)

**Wie viel Kapital steckt in Freigeist?**

▶ Marc und ich sind 2008 mit ungefähr einer Million gestartet. Und haben ab dann alles reinvestiert. Mit der Umbenennung von e42 auf Freigeist kamen dann noch die vorher genannten Investoren dazu. Die e42 konnte ihre Beteiligung an Wunderlist, mytaxi, KaufDA, Northworks und weiteren sehr, sehr erfolgreich verkaufen. Diese Erlöse wurden dann zu 95 Prozent reinvestiert. So haben wir uns mit kontinuierlicher Arbeit und Geduld hochgearbeitet, bis dann später noch Christian Reber und Daniel Arnold als Unternehmerfreunde hinzukamen.

**Das Geld wurde ja in Unternehmen investiert. Wie hoch ist der Wert der Investitionen heute?**

▶ Genaue Zahlen kommunizieren wir nicht. Aber der Wert beträgt nach den aktuellen Bewertungen unserer Portfolio-Unternehmen mehrere Hundert Millionen Euro.

# Die Suche nach Start-ups

**Wie findet ihr die Start-ups, in die ihr investiert?**

▶ Am Anfang lief vieles auf Zuruf, beispielsweise kam unser Engagement bei Wunderlist so zustande. Das Werbeprospekt-Portal KaufDA lernten wir über unsere Kontakte zur WHU kennen – an der Uni gab es ein »Idea Lab«, in dem ich die Gründer beim Speeddating traf. Inzwischen gibt es eine ausgeklügelte Maschinerie: eine Kombination aus kontrolliertem Netzwerk und breitem Research. Wir rufen jeden Monat unsere Kontaktleute an und sprechen jeden Tag über neue Start-ups. Zusätzlich suchen wir mit einer eigenen Software.

*Die Ideen gehen immer erst ins Team und landen irgendwann auf meinem Schreibtisch.*

**Kommt man mit einer Idee überhaupt noch direkt an dich ran?**

▶ Nein. Die Ideen gehen immer erst ins Team und landen irgendwann auf meinem Schreibtisch. Auch wenn ich etwas Interessantes sehe, schicke ich es erst auf diesen Weg.

**Angenommen, eine Gründerin oder ein Gründer mit einer Idee hat es zu dir geschafft. Welche Charaktereigenschaften müssen sie haben?**

▶ Ein Team von Gründern ist uns immer lieber als nur ein einzelner Gründer. Sie müssen an einer tiefgreifenden Technologie aus dem Baukasten der Zukunft arbeiten und damit ein größeres Problem der Menschheit adressieren. Neulich hatten wir eine superstarke Gründerin hier, die an einem total relevanten Problem forscht. Es ging um Wasserstoff. Allerdings waren wir mit unseren Biologen und Chemikern der Meinung, dass ihre Lösung nicht skalierbar ist.

**Auf welchen Zukunftsmärkten müssen die Gründer unterwegs sein?**
▶ Da sind wir offen. Es muss nur skalierbar sein. Wir wollen ein zentrales Problem der Menschheit adressieren und einen wirklichen Hebel haben. Energie, Ernährung, Transport, Gesundheit – und vieles mehr.

Berater und Investor: Thelen mit den Machern des Start-ups
»Meine Spielzeugkiste«

**Müssen die Gründer Ahnung von Finanzen haben?**

▶ Natürlich brauchen sie ein gesundes Geschäftsmodell und einen Businessplan, mit dem man eine langfristig erfolgreiche Firma aufbauen kann. Aber es interessiert uns nicht, ob sie schon Umsatz machen. Die Kernfrage ist immer: Kann das ein relevantes Produkt werden, das die Welt besser macht? Es ist übrigens auch egal, wie viel Geld das Start-up braucht. Unser Seed-Investment soll die Gründer zum nächsten Schritt bringen.

**Was besprecht ihr in den ersten Gesprächen?**

▶ Wenn wir von einer Idee überzeugt sind, prüfen wir, ob die Gründer bereit sind für Venture Capital. Oftmals wollen sie das gar nicht, denn wenn große externe Investoren dabei sind, heißt das, dass sie 24 Stunden, sieben Tage die Woche arbeiten müssen, mindestens in den nächsten drei Jahren. Das ist schon ein wilder Ritt. Wollen sie das wirklich? Eventuell muss die Firma umbenannt werden, weil der Name nicht passt, oder es muss ein Produkt eingestellt werden, weil es keinen Product-Market-Fit gibt. Können die Gründer damit umgehen, sind sie kompatibel? Das sind die Themen in den ersten Gesprächen.

**Freigeist ist ja ein Seed-Investor. Wie interpretiert ihr eure Rolle als Früh-Investor?**

▶ Wir sind mehr Co-Gründer als Investor, das unterscheidet uns von vielen anderen Investoren. Wir sind operativ sehr tief involviert – von Personal über Verkauf, Design bis zu den Finanzen. 18 Monate bis zwei Jahre machen wir das, dann ziehen wir uns im besten Fall operativ zurück, weil wir bis dahin ein Team aufgebaut haben, das übernimmt.

Team Freigeist: Der TV-Investor ist der Außenminister

**Wie viel investiert ihr in der Regel?**
▶ 500.000 bis zwei Millionen Euro.

**Wie läuft so ein erstes Treffen mit Gründern ab?**
▶ Sie erzählen uns, was sie vorhaben. Wir sind dafür bekannt, dass wir ihren Pitch relativ schnell zerreißen. Aber wenn sie hier bei uns im Büro sind, wollen wir mit ihnen arbeiten und direkt mit anpacken. Wir wollen ernsthaft verstehen, wo wir helfen können, was die größten Herausforderungen sind. Viele wollen ihre Firma gar nicht langfristig aufbauen, sondern nur kurzfristig Geld verdienen. Da sind wir dann schnell wieder raus.

### Wie muss ein Gründer drauf sein?

▶ Du musst von deiner Vision und deinem Produkt besessen sein. Und: Wenn du an wirklich relevanten Problemen arbeitest, dann tun andere das auch. Deshalb musst du bereit sein, die nächsten drei bis sieben Jahre das Projekt zur Priorität Nummer eins zu machen. Familienurlaub? Kann mal sein – aber nicht, ohne die Arbeit mitzunehmen.

**Ein erster erfolgreicher Exit von Freigeist war der Verkauf der To-do-Listen-App Wunderlist an Microsoft. Gegründet wurde Wunderlist von Christian Reber – der auch in diesem Buch zu Wort kommt. Wie hast du Christian kennengelernt?**

▶ Ich war für das Gründerportal »Gründerszene« als Experte aus Nordrhein-Westfalen unterwegs. Bei einer Veranstaltung in Berlin kamen Experten aus ganz Deutschland zusammen, auch Christian Reber. Nach der Veranstaltung wurden alle Teilnehmer bei Xing vernetzt. Irgendwann sah ich in einem Xing-Post, dass Christian eine Projektmanagement-Software aufbauen wollte und Investoren suchte.

### Wie ging es dann weiter?

▶ Mich interessierte, was er vorhatte. Wir stellten schnell fest, dass die Chemie zwischen uns passt. Aber: Es gab kein Produkt, es gab gar nichts. Nur die Idee.

### Welche Schritte seid ihr dann miteinander gegangen?

▶ Es gab damals schon andere Projektmanagement-Tools. Marc und Alex gaben mir richtig Gegenwind. Ich flog nach Berlin zu Christian, wir arbeiteten am Produkt und bauten zwei Tage lang mit Photoshop die ersten Prototypen. Danach haben Alex, Marc und ich entschieden, dass wir da einsteigen.

50

**Was zeichnet Christian als Gründer aus?**
▶ Er kann wie ich programmieren und hat deshalb ein Verständnis für Software. Er hat ein überragend gutes Gefühl für Design und Kommunikation. Wir sind uns sehr ähnlich.

**Nach fünf Jahren ist er ausgestiegen, hat Wunderlist an Microsoft verkauft. Hat er in dieser Phase deinen Rat gesucht?**
▶ Mittlerweile waren wir Freunde geworden. Er fragte mich nicht als Anteilseigner, sondern als Freund. Ich riet zum Verkauf. Er war anfangs skeptisch, doch ich hatte die Erfahrung, dass es nicht immer nur aufwärtsgeht mit einer Firma. Irgendwann kommt eine noch größere Firma und baut einen Task-Manager – das kann für Wunderlist nach hinten losgehen. Durch meinen Exit bei ip.labs hatte ich Freiheiten gewonnen, über die ich sehr glücklich war. Sobald man finanziell unabhängig ist, agiert man komplett anders. Das habe ich Christian gesagt.

**Christian Reber ist, wie schon erwähnt, einer der Investoren von Freigeist. Freigeist wiederum ist bei Rebers neuer Firma Pitch dabei.**
▶ Christian ist ein wertvoller Freund geworden und nebenbei sind wir auch geschäftlich gemeinsam unterwegs. Seine neue Firma Pitch baut Christian jetzt ganz anders auf. Er hat keinen finanziellen Druck und kann in Ruhe die wichtigen Entscheidungen fällen. Er ist ein sehr erfahrener Manager und Produktexperte geworden und hat ein sehr eindrucksvolles internationales Netzwerk aufgebaut.

Christian Reber ist einer der bekanntesten Gründer Deutschlands: Mit dem Verkauf seiner To-do-App Wunderlist an den Software-Riesen Microsoft im Jahr 2015 wurde er zum Multimillionär.

Das hat er auch Frank Thelen zu verdanken, der sein erster Investor war.

Im Gespräch erinnert sich Reber, wie er Thelen kennen- und schätzen gelernt hat, an harte Entscheidungen, die er auf Druck von Thelen fällen musste. Reber beschreibt Thelen nicht nur aus der Perspektive eines Gründers – sondern auch aus der eines Geschäftspartners und Freundes.

# VIERTES KAPITEL

# Das Wunder von Wunderlist – ein Interview mit Christian Reber

# Ein Rat, der Gold wert ist

**Christian, wie hast du Frank Thelen kennengelernt?**

◆ Der Blog »Gründerszene« hatte früher für einzelne Städte und Bundesländer Botschafter. Ich war Botschafter für Berlin, Frank für Bonn. Wir waren per Xing miteinander vernetzt. Im Jahr 2010 habe ich auf Xing einen Beitrag gepostet: Wer hat Lust, in die nächste Generation von Produktivitäts-Software zu investieren? Frank hat sich daraufhin sofort bei mir gemeldet und war neugierig, woran wir basteln.

**Und, woran habt ihr gebastelt?**

◆ An einem Projektmanagement-Tool mit dem Namen Wunderkit. Wir wollten eine modulare Projektmanagement-Software bauen, an die viele Apps wie Module angeschlossen sind: To-do-Apps, Notizen, Tabellen. Das war die Vision. Frank kam zu mir, hat auch meine Mitgründer kennengelernt. Er ist dann mein Mentor geworden. Er hat mir erklärt, wie die Venture-Capital-Welt funktioniert, was gute und schlechte Bedingungen eines Investmentvertrags sind. Und dann hat er mir 100.000 Euro für 20 Prozent der Anteile angeboten. Ich habe zugestimmt. Frank wurde unser erster Investor. Aber er war eigentlich ein halber Mitgründer.

**War er das Geld wert?**

◆ Ja. Er hat großen Anteil an unserem Erfolg. Seine größte Stärke: Er sieht Dinge, die andere nicht sehen. Sein erster Tipp war, nicht gleich unser gesamtes Produkt Wunderkit aufzubauen, sondern eine Art Teaser-Produkt zu entwickeln. Er wollte damit anderen Investoren beweisen, dass wir auch in der Lage sind, echte Software zu bauen. Dann haben wir aus Wunderkit die Task-Management-Funktion als eigenständige App ausgegliedert, und daraus ist Wunderlist entstanden: die To-do-App. Franks Rat war Gold wert: Wunderlist wurde zum großen Erfolg, während Wunderkit später leider gescheitert ist.

Einmal Gründer, immer Gründer: Christian Reber

**Wie muss man sich die Zusammenarbeit mit Frank vorstellen?**
◆ Frank hat mich oft in Berlin besucht, mit Entwicklern und Designern gebrainstormt. Es war eine magische Zusammenarbeit. Er hat uns herausgefordert. So sehr, dass einer meiner Mitgründer gegangen ist. Frank hat gespürt, dass er nicht die Leistung bringt, die von einem

Mitgründer notwendig war. Das war für mich ein krass emotionaler Prozess. Der Mitgründer war einer meiner besten Freunde. Aber Frank hatte recht. Wir anderen Gründer haben sehr gelitten.

**Wie ist die Szene der Trennung von dem Partner damals genau abgelaufen? War Frank dabei? Wie hat er euch auf das schwierige Gespräch vorbereitet?**

◆ Der Druck, der von unseren Investoren ausging, nicht nur von Frank, war mehr als spürbar. Mein Mitgründer kam damit nicht klar, und allen

Start-up-Spezialisten unter sich: Thelen und Reber
mit Simon Schäfer (2. v. l.), dem Gründer des Start-up-Campus
The Factory, und Delivery-Hero-Gründer Lukasz Gadowski

wurde bewusst, dass die Zusammenarbeit so einfach keine Freude bereitet – für niemanden. Meine Aufgabe war es dann, »das Gespräch« zu führen und die Zusammenarbeit zu beenden. Im Endeffekt waren das nur einige Telefonate, Frank war da nicht involviert, hat mich aber in dem Prozess beraten.

**Wie haben sich die anderen Freigeist-Partner bei Wunderlist eingebracht?**

◆ Marc Sieberger, der heute einer meiner besten Freunde ist, hat alles für uns gemacht: Investmentverträge aufgesetzt, Arbeitsverträge kontrolliert, Mitarbeiterbeteiligungsprogramme eingerichtet und Finanzierungen strukturiert. Frank ist der Visionär im Freigeist-Team – und Marc Sieberger ist das, was Sheryl Sandberg bei Facebook ist. Marc ist der Operator, der pragmatische Ratschläge geben kann, um das Business solide aufzubauen.

**Wie ging es dann weiter mit Wunderlist?**

◆ Auch nach der Veröffentlichung von Wunderlist war Frank sehr engagiert. Wir haben zusammen neue Investoren wie den High-Tech Gründerfonds mit an Bord geholt. Im Laufe der Zeit wurden wir dann immer selbstständiger. Wir haben einen Deal mit dem Skype-Gründer Niklas Zennström und dessen Fonds Atomico gemacht, später kam noch Sequoia hinzu. Wunderlist wurde ein globaler Hit, und wir haben unser Produkt ständig verbessert. Wir haben dann auch Apps für iPhone, iPad und Android entwickelt. Wir hatten schnell mehrere Millionen Nutzer und waren einige Jahre später dann 70 Mitarbeiter. Dann hatten wir die Wahl: Weiter das Unternehmen aufbauen – oder verkaufen. Der Wettbewerb war groß, und Microsoft wollte Wunderlist in Office integrieren – deshalb haben wir uns entschieden, Wunderlist 2015 an Microsoft zu verkaufen.

**Kolportiert wird ein Verkaufspreis irgendwo zwischen 100 und 200 Millionen Dollar. Kannst du das konkretisieren?**

◆ Beim Exit durfte ich über den genauen Kaufpreis nicht sprechen. In den USA wurden damals »bis zu 200 Millionen Dollar« kommuniziert, tatsächlich waren es 150 Millionen Dollar.

**Angesichts dieser hohen Summen eine dumme Frage, trotzdem: Warum hast du verkauft?**

◆ Meine Frau und ich waren beide Mitgründer von Wunderlist und hatten zu der Zeit unser erstes Kind erwartet. Zudem war mir nicht ganz klar, wie man Wunderlist von 10 Millionen Nutzer auf 100 Millionen Nutzer skalieren kann, und für mich war der Exit zu dem Zeitpunkt ein logischer Schritt. Wir waren gute Softwareentwickler und -designer; aber wir waren relativ grün hinter den Ohren. Der Verkauf bedeutete: Alle Gründer sind finanziell abgesichert, wir können mal wieder Luft holen und uns dann irgendwann auf das nächste Projekt konzentrieren. Auch Freigeist hat einen sehr guten Deal gemacht, insofern waren alle zufrieden.

**Freigeist soll um die zehn Millionen Euro bei dem Deal gemacht haben. Welche Spuren hat Frank in der Firmengeschichte von Wunderlist hinterlassen?**

◆ Seine Stärken liegen im Unternehmerischen: Wie stellt man zügig Entwickler und Designer ein? Wie sammelt man zügig Kapital ein? Wie baut man eine Unternehmung auf? Er ist ein sehr impulsiver, progressiver Gründer. Er möchte so schnell wie möglich etwas aufbauen. Du musst als Gründer damit klarkommen. Er will dich pushen und zum absoluten Maximum treiben. Dafür muss man kompatibel sein – oder eben nicht.

Mit dem Mentor unterwegs: Thelen begleitete Reber
und dessen Team zu entscheidenden Terminen

**Hat er auch genervt?**

◆ Jeder Investor nervt mal. Genauso wie Gründer regelmäßig nerven.
Aber dadurch ist eine enge Freundschaft entstanden. Frank und ich
verbringen auch Zeit im Urlaub miteinander. Und wir arbeiten ja heute
noch regelmäßig zusammen. Unsere Frauen witzeln immer, dass wir
in Wahrheit Brüder sind und nach der Geburt getrennt wurden – weil
wir uns so ähnlich sind. Wir haben ständig unterschiedliche Meinungen, aber ich glaube, das macht die Zusammenarbeit schon immer so
spannend.

**Was sind die größten Fehler, die ein Gründer am Anfang machen kann?**

◆ Du kannst eine Gründung angehen, die überhaupt nicht zu dir passt. Ich habe schon häufiger erlebt, dass BWLer versucht haben, Software zu entwickeln, und daran untergegangen sind, weil sie keinerlei Wissen mitbringen. Du kannst dir die falschen Mitgründer aussuchen, die nicht zu dir passen und die Unternehmenskultur ruinieren. Du kannst dir die falschen Investoren aussuchen, zu viele Anteile abgeben oder die falschen Mitarbeiter einstellen. Es gibt Tausende Dinge, die man als Gründer falsch machen kann.

**Welche Fehler habt ihr damals bei Wunderlist gemacht?**

◆ Sehr viele Fehler, leider. Wir haben früh die falschen Mitarbeiter eingestellt – vor allem Mitarbeiter, die sehr starke Meinungen hatten, die nicht notwendigerweise richtig waren. Diese haben wir dann teilweise sogar befördert – und nicht die, die die ganze Arbeit gemacht haben. Fehler bei Gründungen sind allerdings unvermeidbar – vor allem dann, wenn man noch nie ein Unternehmen gegründet hat. Ich lerne heute noch täglich dazu.

**Was macht Freigeist anders als andere Investoren?**

◆ Der große Unterschied: Da steht viel eigenes Kapital der Gründer dahinter. Deshalb wird auch anders investiert: Du spürst, dass da Gründer-Investoren in dich investieren. Die gehen mit rein in die Unternehmensgründung. Darauf muss man vorbereitet sein.

**Wofür steht die Marke Frank Thelen?**

◆ Sie steht für Zukunft und Innovationen, für hartes Feedback, denn er nimmt kein Blatt vor den Mund. Er steht für die Start-up-Welt. Er hat damals, bevor er in die Sendung ging, gesagt: Ich mache Start-

60

Wunderkind: Christian Reber in seiner Zeit als Erfinder von »Wunderlist«

ups populär in der Bevölkerung. Das hat er geschafft. Jetzt wollen auf einmal Sportler ihre Millionen in Start-ups investieren, viele wollen selbst eine Firma gründen.

**Wie sieht man ihn in der Start-up-Szene?**
◆ Er wird unfairerweise manchmal ein bisschen belächelt. Vielleicht, weil er ins Fernsehen gegangen ist und dort vor allem Food-Start-ups unterstützt hat. Für mich ist das die typische deutsche Neidkultur. Andererseits: Frank nimmt kein Blatt vor den Mund, tritt teilweise sehr progressiv auf – damit macht man sich Freunde und Feinde. Seine Spende im Bundestags-Wahlkampf 2021 an die FDP finden manche gut – andere schlecht.

**Mittlerweile hast du erneut eine Firma gegründet. Pitch. Was macht ihr, wo steht ihr – und was hat Frank damit zu tun?**

◆ Pitch ist eine moderne Präsentationssoftware für Teams. Wir ermöglichen es Teams, besser zusammenzuarbeiten, indem wir ihre wertvollsten Ideen fördern. Pitch ermöglicht es jedem, bessere und schönere Präsentationen zu entwickeln, um letztlich erfolgreicher zu sein. Wir haben 135 Millionen Dollar Kapital eingesammelt und beschäftigen mittlerweile über 140 Mitarbeiter. Freigeist war Teil unserer ersten Finanzierungsrunde. Wenn ich Hilfe brauche, kann ich Frank jederzeit anrufen.

**Welche Schwächen hat Frank?**

◆ Von Apple-Gründer Steve Jobs ist überliefert, dass er in einer Art Blase gelebt hat, seiner eigenen Welt. Viele Gründer haben solche Realitätsverzerrungen: Eigentlich müssten wir große Angst vorm Scheitern haben – ziehen unsere Sache aber durch, weil wir an unsere Ideen glauben. So ist das auch bei Frank: Er weiß, wo es langgeht. Menschen führen und nach vorne treiben – da hat er viele Stärken, aber auch Schwächen. Manchmal fehlt ihm Empathie. Aber das ist dem Unternehmerischen geschuldet. Wenn du nach vorne preschen willst, musst du bestimmte Dinge ausblenden.

**Wie war das bei dir, als ihr Wunderlist verkauft habt?**

◆ Das war, als ob ein Schleier von mir abgefallen ist. Ich war vorher wie im Tunnel, habe nichts mehr gesehen. Meiner Freundin habe ich damals, als wir Wunderlist aufgebaut haben, gesagt: Ich würde dich ja gerne heiraten. Aber wenn ich dich jetzt heirate, bekomme ich nicht mit, dass ich dich geheiratet habe. Wir stehen zwar am Altar, aber in meinem Kopf schwirrt immer Wunderlist rum. Nach sechs Monaten würde ich unsere Hochzeit vergessen. Meine Freundin hat das akzeptiert, wir haben dann direkt nach dem Exit geheiratet. Ich war mit einem Mal anwesend. Unsere Industrie ist halt sehr gehetzt. Alle Kritikpunkte, die ich zu Frank gesagt habe, treffen auf alle Investoren zu: Sie sind kurz angebunden, nehmen sich nicht die Zeit, versuchen in 45 Minuten kritische Entscheidungen zu treffen. Für mich war die Auszeit danach perfekt, ich musste mich allerdings gute zwei Jahre von dem Pensum und Stress erholen.

**Kann Frank überhaupt relaxen?**

◆ Ich denke, mit seiner Frau schafft er das ab und an, aber so richtig kann er es nicht. Selbst auf Mallorca zieht es ihn wieder auf die neueste Version des eFoils. Am Strand rumliegen und ein Buch lesen kann ich auch nicht.

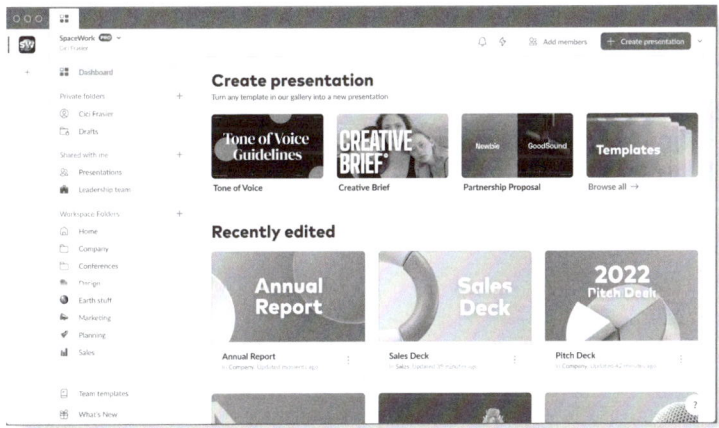

Rebers neues Großprojekt: die Plattform Pitch,
eine Präsentationssoftware für Teams

Durch die Gründershow »Die Höhle der Löwen« ist Frank Thelen zum Promi geworden. Er wird auf der Straße erkannt, die Leute wollen Autogramme haben, Selfies mit ihm machen.

Aus dem Investor aus Bonn ist die Marke Frank Thelen geworden, die ihre Reichweite vor allem durch die sozialen Netzwerke bekommt. Professionell setzt Thelen Plattformen wie LinkedIn, Instagram und YouTube ein, um seine Zielgruppen zu erreichen.

Denn das Storytelling ist es, das über den Erfolg und Misserfolg einer Geschäftsidee entscheidet.

# FÜNFTES KAPITEL

# In der Höhle der Löwen

# Die Neugier auf das Medium Fernsehen

**Frank, was hat dich gereizt, bei der TV-Show »Die Höhle der Löwen« mitzumachen?**

▶ Ich wollte etwas Neues kennenlernen. Mir war klar, dass Primetime-Fernsehen das größte Medium überhaupt ist.

Löwen-Juroren (von links): Georg Kofler, Carsten Maschmeyer,
Judith Williams, Nils Glagau, Dagmar Wöhrl, Frank Thelen
und Ralf Dümmel

**Und, wie funktioniert das Fernsehen?**

▶ Am Ende des Tages wie die meisten Industrien: trivial. Durch Musik und schnelle Schnitte kommt Dramatik rein, vieles wird etwas größer gemacht, als es ist. Wenn die Kameras ausgehen, stellt sich die Frage: Wer ist der Privatmensch, wer der Fernsehmensch? Das fand ich spannend. Anfangs haben mich einige aus der Start-up-Szene wegen der Show belächelt. Ich sei der Dieter Bohlen der Wirtschaft, hieß es. Heute versuchen sie selber, in die Medien zu kommen. Der große Vorteil: Wenn ich eine Botschaft habe, dann hört man mir dort zu. Das ist auch ein wichtiges Asset für unsere Start-ups geworden. Seit ich eine gewisse Bekanntheit habe, können wir bei PR-Themen deutlich besser unterstützen.

**Woran merkst du denn, dass man dir zuhört?**

▶ Ich durfte zum Beispiel das Innovation Council im Kanzleramt mit Doro Bär etablieren. Viele DAX CEOs, Minister und auch Emmanuel Macron wollen sich austauschen.

**Was hast du von deinen Mit-Juroren Judith Williams, Carsten Maschmeyer oder Ralf Dümmel gelernt?**

▶ Viel. Wie sie ihren Tag strukturieren, wie sie denken, wie sie ihr Team zusammenstellen. Ich habe die Magie des Fernsehens verstanden und gelernt, wie man Videos einsetzt. Dafür bin ich sehr dankbar. Von den anderen Löwen habe ich erfahren, wie sie in den sozialen Medien unterwegs sind. So ist die Marke Frank Thelen entstanden.

Innovation Council: Thelen mit der ehemaligen Digital-Staatsministerin Dorothee Bär (Mitte) und anderen Start-up-Investoren

**Was gehört denn zum Aufbau der Marke dazu?**

▶ Irgendwann wurde der Rummel zu viel und ich engagierte eine Agentur. Die fragte schlicht: Wofür willst du stehen? Wir sahen uns Sascha Lobo und andere an und überlegten, wofür die Marke Frank Thelen steht.

**Und wofür steht sie?**

▶ Ich möchte für positive Zukunftstechnologien stehen. Wenn man sich fragt, wer in Deutschland die Kompetenz und das Netzwerk dafür hat, soll mein Name in den Kopf kommen.

**Welche Reichweite hast du?**

▶ Stand heute habe ich den stärksten LinkedIn-Account in DACH, mit über 430.000 Followern. Bei allem, was Wirtschaft ist, sind wir die Nummer eins. Dabei hatte ich bis vor Kurzem nur eine Mitarbeiterin, die sich um die Marke Frank Thelen gekümmert hat. Jetzt bauen wir das Team langsam auf. Einige Löwen haben ein ganzes Kommunikationsteam mit über zehn Mitarbeitern.

Die Löwen-Investoren (von links) von Staffel 1: Vural Öger, Judith Williams, Frank Thelen, Lencke Steiner und Jochen Schweizer

**Wie siehst du unter den sozialen Netzwerken die unterschiedlichen Plattformen?**

▶ LinkedIn ist für mich die wichtigste Plattform überhaupt. Twitter hat viele kluge Köpfe, darüber erreiche ich wichtige Journalisten und Politiker, dort sind aber leider auch viele Fake-Accounts, die Hass verbreiten. Instagram ist eine schöne, bunte Welt, die ich zwar bediene, die aber nicht meine ist. Die Software von TikTok hingegen ist sehr gut und ich finde die junge Zielgruppe interessant. YouTube weiß ich sehr zu schätzen, weil man dort gute Informationen findet. Unseren YouTube-Kanal werden wir massiv ausbauen. Wenn wir über alle Plattformen wichtige Botschaften kommunizieren, erreichen wir über eine Million Menschen.

**Du bist durch die Sendung zum Promi geworden. Was bedeutet dir das?**

▶ Bekanntheit ist eine Währung, wie Euro oder Ether. Sie hat aber auch Nachteile, etwa Selfies am Flughafen. Insgesamt konnte ich durch meine Bekanntheit unseren Start-ups an vielen Stellen effektiv helfen. Das ist das Wichtigste für mich.

**Wie hast du bei der »Höhle der Löwen« erkannt, ob ein Gründer das Start-up erfolgreich machen kann?**

▶ Am Ende des Tages musste ich entscheiden, ob das die Art von Gründern war, die für ihre Visionen brennt, die bereit ist, auch durch tiefe Täler zu gehen. Es ist ein bisschen so wie Schattenboxen: Ich musste die Gründer herausfordern, witzige Sprüche reißen – aber am Ende ging es um mein Geld. Ich musste ein Gefühl dafür bekommen, welche wirtschaftlichen Chancen das Projekt hatte.

**Die meisten deiner Löwen-Investments kamen aus dem Lebensmittelbereich. Warum eigentlich?**

► Das hat am besten funktioniert. Die großen Supermarktketten wie Edeka und Rewe fanden DHDL spannend und haben die Produkte ins Regal genommen. Wir hätten da weiter Geld drucken können. Aber Geld ist eben nicht alles.

Thelen wurde als »Dieter Bohlen der Wirtschaft« verspottet.
Mit dem Original versteht er sich offenbar gut

**Warum hast du aufgehört?**

▶ Ich finde die Sendung super, sie hat das Thema Start-ups nach vorne gebracht. Ich habe ihr viel zu verdanken, aber ich wollte mich auf Technologie konzentrieren. Ich bin davon überzeugt, dass wir alle notwendigen Bausteine haben, um die großen Herausforderungen unserer Zeit zu lösen. Ich will herausragende Köpfe mit meinem Kapital und meiner Zeit unterstützen.

**Habt ihr nicht Angst gehabt, dass sich nach dem Ausscheiden aus der Sendung niemand mehr für dich interessiert?**

▶ Wir haben natürlich überlegt, ob ich danach noch so relevant bin, ob ich unsere Start-ups weiterhin effektiv über mein Netzwerk unterstützen kann. Aber es funktioniert heute besser denn je.

Die große Bühne: Thelen als TV-Investor

**Verfolgst du die »Höhle der Löwen« noch?**

▶ Nein. Das schaffe ich einfach nicht mehr, mein Tag ist zu durchgetaktet.

**Was überwiegt in dem Format eigentlich: Unterhaltung – oder handfeste Deals?**

▶ Ich hoffe, es bleibt eine gute Mischung. Wir haben mit Little Lunch, Ankerkraut, YFood und anderen viele relevante Unternehmen aufgebaut. Wenn man nur noch Entertainment macht, ist es blöd.

**Wie wichtig ist denn so das Storytelling im Verhältnis zu dem, was die Geschäftsidee tatsächlich ist?**

▶ Wichtiger, als man denkt. Storytelling ist entscheidend, um Investoren, Mitarbeiter und Kunden zu gewinnen. Die Leute wollen abgeholt werden. Das fehlt uns Deutschen oft.

*Ich bin davon überzeugt, dass wir alle notwendigen Bausteine haben, um die großen Herausforderungen unserer Zeit zu lösen. Ich will herausragende Köpfe mit meinem Kapital und meiner Zeit unterstützen.*

**Das heißt doch: Als Geschichtenerzähler brauchen Start-up-Gründer eine gehörige Portion Größenwahn, oder?**

▶ Das Wort Größenwahn ist in Deutschland negativ konnotiert, passend zu unserem oft zurückhaltenden und kleinen Mindset. In den USA würde man sagen: große Visionen. Natürlich wurden auch dort die größten Unternehmer der heutigen Zeit – Steve Jobs, Elon Musk, Jeff Bezos – von vielen als verrückt erklärt. Aber es gab eben auch genug Leute, die an sie glaubten und sie förderten. Das vermisse ich in Deutschland.

Nur wenige Start-ups schaffen den Durchbruch. Vor allem Frühinvestoren wie Frank Thelen gehen das Risiko ein, ihr Geld abschreiben zu müssen. Diese Erfahrung hat Thelen mehrmals gemacht.

Die Gründe für das Scheitern von jungen Firmen sind vielschichtig: Mal zerstreiten sich die Gründer untereinander, mal behindern die regulatorischen Bedingungen eine Geschäftsidee. Und ab und zu gibt es auch mal so richtig Knatsch mit dem Investor. All dies hat Frank Thelen erlebt.

# SECHSTES KAPITEL

# Millionen-Exits, Schlammschlachten und Pleiten: Über das Wesen von Start-ups

# Flugtaxis – verrückt oder genial?

**Zu euren Erfolgen gehören der Verkauf der Taxi-App mytaxi und des Werbeprospekt-Portals KaufDA. Beides Firmen, die ihr mit aufgebaut habt. Ein anderer junger Gründer, der bei euch vorstellig wurde, hat euch ein fliegendes Elektroauto angepriesen. Das war 2015, der Mann heißt Daniel Wiegand und ist der Gründer des Flugtaxi-Unternehmens Lilium. Mittlerweile ist Lilium bekannt, über Flugtaxis wird nicht mehr gelacht. Warum hast du ihn damals nicht für verrückt erklärt?**

▶ Mein Gefühl war: Entweder sind das komplette Blender oder wahre Genies. Ich bat unseren Technik-Experten Alex Koch, sich das anzuschauen. Für Alex waren Daniel und seine Kollegen das kompetenteste Team, das er je gesehen hatte. Er rechnete das im Pitchdeck präsentierte Flugzeug durch und kam zu dem Ergebnis, dass es funktionieren könnte. Wir planten aber auch ein, dass unser Geld höchstwahrscheinlich weg ist.

**Wie hat sich das Freigeist-Team bei Lilium engagiert?**

▶ In der Anfangsphase machten wir das Design und die Webseite – das war Christian Rebers Beitrag. Marc war Interim-Finanzchef, Alex war wochenlang vor Ort und baute mit dem Team die ersten Prototypen zusammen. Ich unterstützte an vielen Stellen, am wichtigsten war es vermutlich, mein Netzwerk effektiv für Daniel zu öffnen.

**Flugtaxis haben in Deutschland schon viel Spott geerntet. Sollen sie ein Spielzeug für Reiche sein?**

▶ Ganz im Gegenteil! Lilium wird eine Art Flixbus für die Luft werden, für jedermann und jedefrau. Flugtaxis werden ein Teil der Mobilitätslösung der Zukunft sein. Urbane Luft-Mobilität hat großes Potenzial – das unterschätzen im Moment noch viele. Ich sehe hier keine großen Probleme mehr. Bei Lilium arbeiten mittlerweile die brillantesten Köpfe, der ehemalige EADS-Chef Tom Enders leitet das Board. Ich bin überzeugt: In fünf Jahren ist Lilium ein international bedeutendes Technologie-Unternehmen.

**Im Jahr 2020 ist allerdings ein Lilium-Prototyp abgebrannt.**

▶ Das hat uns natürlich sehr geärgert, aber so etwas ist immer einkalkuliert. Gerade in der Prototypenphase wollte das Team schnell vorankommen und viel testen. Hier kam es zu einem Fehler, bei dem glücklicherweise niemand zu Schaden kam. Heute sind die Prozesse viel professioneller. Wir wollen aber auch agil bleiben. Keine einfache Aufgabe.

**Es gab immer wieder kritische Stimmen, vom Anzweifeln des Konzepts über angeblich zu hohe Verluste. Wie steht Lilium wirklich da?**

▶ Lilium hat immer wieder sehr umfangreiche Informationen zur Machbarkeit und Physik geliefert. Dass beim Merger eines SPACs Investoren Positionen verkaufen, ist ein ganz normaler Vorgang. Aber aus einer Mischung aus Inkompetenz – wie funktioniert ein SPAC-Merger? – und der Erkenntnis, dass sich negative Schlagzeilen besser klicken, gibt es immer wieder unsachliche Meldungen. Das ist frustrierend.

Der Traum vom elektrischen Fliegen: das Flugtaxi Lilium

**Kann man das ändern?**

▶ Nein, das liegt an unserem deutschen Charakter. Das werden wir nicht los. Die Folge: Bei solchen Investitionen fehlt deutsches Geld. Ich rief nach unserem Seed-Investment in Lilium viele vermögende Deutsche an, doch alle hatten Angst, zu investieren. Heute ärgern sie sich wahrscheinlich über ihre Zurückhaltung.

# Die größten Enttäuschungen

**Von zehn Start-ups, in die Freigeist investiert: Wie viele scheitern?**

► Unsere Quote ist relativ gut. Im Tech-Bereich scheitern vielleicht zwei von zehn unserer Start-ups. Von mir aus könnten wir noch häufiger scheitern. Letzten Endes kommt es darauf an, dass man mehrere bedeutende Start-ups im Portfolio hat – jedes bringt das Investment hundertfach zurück.

**Ein Start-up, mit dem ihr gescheitert seid, ist die Modefirma Von Floerke. Es kam zu einer medialen Schlammschlacht: Der Gründer hat dich persönlich angegriffen. Er hat deine Liquidität angezweifelt, deine Kompetenz ebenso. Er hat sich vor der Internetkamera betrunken, mit einem Gewehr herumgefuchtelt und sogar damit gelockt, deine Telefonnummer zu verraten. Guerillamarketing nannte er das. Warum ist die Sache so eskaliert?**

► Als TV-Persönlichkeit polarisiere ich eben. Ich hinterziehe keine Steuern, habe keine außereheliche Freundin – irgendetwas war mal fällig. Das erkannte der Gründer von Von Floerke. Er baute die Geschichte nach dem Motiv »David gegen Goliath« auf und erzählte sie gut. Wir hatten ihn beim Aufbau seines Unternehmens intensiv unterstützt und standen auch noch hinter ihm, als es schon große Probleme gab. Wir stellten ihm befreundete Unternehmen vor, die dann investierten. Wir glaubten lange an den Erfolg von Von Floerke. Dass der Gründer plötz-

*Als TV-Persönlichkeit polarisiere ich eben. Ich hinterziehe keine Steuern, habe keine außereheliche Freundin – irgendetwas war mal fällig.*

lich alle Partner, Investoren und Kunden so dumm verärgerte, war für uns nicht nachvollziehbar. Wir schrieben unser Investment zu 100 Prozent ab und beendeten die Zusammenarbeit.

**Welche Fehler hast du gemacht?**

► Ich reagierte PR-mäßig schlecht. Ich bot eine gute Angriffsfläche, indem ich Äußerungen des Gründers richtigstellte. So konnte er wieder auf mich reagieren. Eine lehrreiche Zeit.

Auf mehreren Bildschirmen unterwegs:
Thelen am Schreibtisch in seinem Bonner Büro

**Hast du nur falsch reagiert – oder vorher schon Fehler gemacht?**

▶ Rückblickend hätten wir schon viel früher aussteigen sollen, als wir merkten, dass der Gründer die Kontrolle verloren hatte – über sich, über das viele Geld, das er verwaltete. Er kaufte sich einen Porsche, veranstaltete wilde Partys. Ich versuchte einige Male, mit ihm zu reden, aber keine Chance. Zum Schluss traf er wichtige Entscheidungen, ohne diese vorher mit uns zu reflektieren. Wären wir damals wie die anderen Löwen ausgestiegen, hätte ich mir viel Ärger erspart. Aber so ticken wir einfach nicht.

**Der Gründer hat dich nicht nur als Mensch angegriffen – sondern auch dich als Marke. Wie schützt du dich dagegen?**

▶ Dadurch, dass Frank Thelen mittlerweile eine eingetragene Marke ist, habe ich die Möglichkeit, mich zu wehren, wenn ich angegriffen werde. Und wir haben gelernt, kleineren »Hatern« keine Projektionsfläche zu geben.

**Am Ende habt ihr ihm die Anteile für einen Euro verkauft, mehr als 200.000 Euro waren verloren.**

▶ Deutlich schlimmer war die Zeit, die wir vom Freigeist-Team und von unseren wertvollen Partnern investiert hatten. Aber solche Fehler passieren. Wichtig ist, sich nicht lange zu ärgern.

**Ein weiterer Flop von Freigeist war die Bank-App Outbank, ihr habt eure Anteile für einen Euro verkauft. Woran lag's?**

▶ Ganz einfach: Im Team stimmte es nicht mehr, interne Streitigkeiten verhinderten die weitere Entwicklung. Ein Jammer, denn die App war eine der erfolgreichsten Mobile-Banking-Apps in Europa. Ich mag nicht daran denken, was wir daraus bis heute hätten machen können.

**Crispy Wallet war ebenfalls eine Firma aus der »Höhle der Löwen«, in die ihr investiert habt. Die GmbH meldete 2016 Insolvenz an. Wo liegen die Gründe?**

▶ Die Gründer waren leider keine Unternehmer. Crispy Wallet war eine Jugendsünde aus der »Höhle der Löwen«.

**Das Berliner Finanz-Start-up Neufund sollte eine Art Wertpapierbörse der nächsten Generation werden. Unternehmensanteile sollten nicht in Euro, sondern in der selbst entwickelten Kryptowährung »Neumark« gehandelt werden. »Trillionen von Assets« sollten zukünftig auf der Blockchain verwaltet werden, hast du mal gesagt. Nimmst du den Mund eigentlich gerne mal zu voll?**

▶ Nach wie vor bin ich davon überzeugt, dass in fünf bis zehn Jahren mehr Assets auf einer Blockchain gemanagt werden als bei den großen Banken. Bis heute bin ich von der Technologie und dem Produkt Neufund überzeugt. Hier habe ich die regulatorischen Hürden unterschätzt. Es ist wirklich frustrierend zu wissen, dass das Produkt an sich der bessere Weg ist, Unternehmensanteile zu handeln, dass aber unsere Regierung Innovationen blockiert. Hierfür müsste bei der BaFin jemand ins Risiko gehen, und dafür gibt es keine Anreize. Ich werde aber nicht damit aufhören, an technologische Innovation und große Visionen zu glauben und sie zu unterstützen. Wir müssen in Deutschland endlich lernen, größer zu denken und eine 10x-DNA entwickeln.

**Es sind ja Aussagen wie diese, die deine Kritiker dazu bewegen, dich als eine Art Heißluftbläser zu verunglimpfen.**

▶ Sollen sie machen. Am Ende wird sich zeigen, ob ich die Entwicklungen richtig vorhergesehen habe. Selbst wenn ich mit der ein oder anderen Investition danebenliege – mir geht es darum, Innovationen in Deutschland und Europa zu fördern, damit wir hier hoffentlich auch bald mal wieder einen Weltmarktführer hervorbringen. Aktuell passiert das nur in den USA und China.

**Mit dem Neufund Blockchain-Modell »Equity Token Offering« (ETO) sollten Kleinanleger sich unkompliziert an Firmen beteiligen können. Im Januar 2022 hat Gründerin Zoe Adamovicz bekannt gegeben, dass sie die Plattform schließen wird. Woran liegt das?**

▶ Die aktuellen Regulierungen der Bafin lassen es nicht zu, dass man so ein Geschäftsmodell in Deutschland erfolgreich macht.

*Mir geht es darum, Innovationen in Deutschland und Europa zu fördern, damit wir hier hoffentlich auch bald mal wieder einen Weltmarktführer hervorbringen.*

Thelen 2017 in Berlin auf der K5 – dem Gipfeltreffen der E-Commerce-Branche

# Keine Luftnummer

**Die Firma air up ist ein Sonderfall in eurem Portfolio: Die Gründer machen ein Ernährungsprodukt – und sind nicht durch die »Höhle der Löwen« zu euch gekommen. Wie kam der Kontakt zustande?**
▶ Mein Partner Niklas hatte das Start-up auf einer Messe entdeckt und war begeistert von dem Produkt. Es ist ein Gamechanger und ein sehr attraktiver Markt. Die Menschen ernähren sich bewusster, wollen ihren Zuckerkonsum reduzieren. air up könnte – ähnlich wie Red Bull – eine weltweit bekannte Marke werden. Die paneuropäische Expansion ist bislang sehr gut angelaufen.

**Wie waren deine ersten Eindrücke von den Gründern?**
▶ Sie brachten eine Wasserflasche mit. Einen Prototyp. Ich war verblüfft: Das Wasser schmeckte krass nach Orange. Aber anfangs funktionierte das mit dem Geschmack noch nicht zuverlässig. Und wir wussten noch nicht, wie man die Flaschen produzieren kann – deshalb holten wir meinen Freund Ralf Dümmel dazu.

**Die Gründer haben noch gute Erinnerung daran, wie du ihnen den Prototypen um die Ohren gehauen hast.**
▶ Wir haben uns beim Design recht intensiv eingesetzt. Wenn wir investieren, dann begeistern wir uns für das Produkt und werden schon mal ungemütlich, wenn es nicht vorangeht. Wir werden nicht ausfallend, aber wir machen schon Druck. air up ist ein toller Erfolg geworden, über eine Millionen Flaschen wurden verkauft und über 60 Millionen Euro investiert.

Investoren, Berater, Werbefiguren: Frank Thelen und Ralf Dümmel

Lena Jüngst und Jannis Koppitz sind das, was man Start-up-Gründer der Stunde nennt: Ihre Firma air up will den Getränkemarkt revolutionieren. In die Flasche mit dem Knick kommt Leitungswasser. Beim Trinken wird das Wasser durch einen Duft-Pod gesaugt, sodass im Mund Geschmack ankommt, zum Beispiel Kirsche, Cola oder Eiskaffee.

Die Idee hatten die Gründer an der Uni – und Frank Thelen war mit seiner Firma Freigeist einer der ersten Investoren.

Im Gespräch erzählen Jüngst und Koppitz, wie das erste Bewerbungsgespräch bei Thelen lief, welchen Anteil er an der Entwicklung der Trinkflasche hatte – und warum er sie manchmal auch genervt hat.

# SIEBTES KAPITEL

# Der Geist einer Flasche – ein Interview mit Lena Jüngst und Jannis Koppitz

# Mit einer Bachelorarbeit fing alles an

**Lena und Jannis, für diejenigen, die air up nicht kennen: Erzählt doch mal, was euer Produkt ist und wie es funktioniert.**

◆ *Lena Jüngst:* air up ist eine besondere Trinkflasche. Wenn man aus unserer Flasche trinkt, saugt man Wasser und Luft an. Die Luft wird durch einen unserer Duft-Pods hindurchgesogen, der Duft gelangt mit dem Wasser in den Mund. Die Moleküle steigen auf zu den Riechrezeptoren, werden als Geschmack wahrgenommen – und wieder ausgeatmet. Man trinkt also pures Wasser – und nimmt dennoch einen Geschmack wahr.

**Wie ist die Idee für air up entstanden?**

◆ *Lena:* An der Uni. Ich habe an der Hochschule für Gestaltung in Schwäbisch Gmünd Produktdesign studiert und nach einem Projekt für meine Bachelorarbeit gesucht. Zusammen mit unserem Mitgründer Tim Jäger habe ich mich dafür interessiert, wie unsere Sinnesorgane zusammenhängen und wie man sie beeinflussen kann – für einen guten Zweck. Schnell waren wir beim Zucker, dem wir so schwer widerstehen können. Wir haben herausgefunden, dass unsere Geruchswahrnehmung eine sehr große Rolle beim Schmecken spielt. 80 Prozent unserer Geschmackswahrnehmung wird über die Nase definiert – und zwar beim Ausatmen. Wenn man Lebensmittel zerkaut, werden Aromen freigesetzt, die durch den Rachen hoch zu den Riechrezeptoren steigen. So kamen wir auf die Idee, Geschmack über Duft zu simulieren und so Zucker in der täglichen Flüssigkeitszufuhr zu reduzieren.

air-up-Gründerin Lena Jüngst

**Wie habt ihr das ausprobiert?**

◆ *Lena:* Wir haben einen Raumbedufter gekauft und mit einem Stroh-
halm Wasser daraus getrunken. Es hat funktioniert. So haben wir einen
Prototyp gebaut und unsere Bachelorarbeit darüber geschrieben. Mitte 2016 waren wir damit fertig – und haben an unserer Entwicklung
nicht mehr weitergearbeitet. Ich bin danach nach Amsterdam gegangen, habe ein Praktikum bei Philips in der Kaffeemaschinen-Sparte
gemacht. Tim hat erst mal weiterstudiert. Wir waren eigentlich beide
zufrieden damit.

**Wie seid ihr dann darauf gekommen, wieder an eurem Produkt zu arbeiten?**

◆ *Lena:* Ein alter Bekannter, unser heutiger Mitgründer Fabian Schlang, ist gelernter Koch. Er hat Lebensmitteltechnologie studiert und brauchte ein Thema für seine Masterarbeit. Er hat von meiner Bachelorarbeit gehört und wollte unsere Aromen weiterentwickeln. Wir waren einverstanden. Fabian hat dann herausgefunden, dass man die Aromen in großer Masse produzieren könnte – und dass die Hypothese zutrifft, dass der Stoffübergang von Duft zu Wasser so minimal ist, dass es überhaupt keine Auswirkungen auf den menschlichen Körper hat. Man nimmt nichts außer Wasser zu sich. Da haben wir dann erkannt: Daraus müssen wir etwas machen.

# Der schwierige Weg zum Geld

**Wie habt ihr Finanziers gefunden?**

◆ *Lena:* Wir haben von dem EXIST Gründerstipendium der TU München gehört – und uns dafür beworben. Dafür brauchten wir einen Businessplan – den hat Jannis gemacht, den ich noch von der Schule in München kenne.

◆ *Jannis Koppitz:* Ich habe damals an der TU München Technology Management studiert. Lena hat mich Ende 2016 angerufen. Ich fand die Idee und die anderen Mitgründer cool und habe mich dann um die Themen gekümmert, auf die die anderen keine Lust hatten: rechtliche Dinge, Geld bei Investoren einsammeln und den Businessplan schreiben.

**Woher wusstest du, wie das geht?**

◆ *Jannis:* In der Theorie hatte ich das alles im Studium schon mal gehört. Aber das meiste war Learning by Doing. In meiner Familie gibt es Leute, die bereits Firmen gegründet hatten. Die konnte ich fragen. Und dann gibt es in München über die TU ein sehr vitales Gründer-Netzwerk. Wir konnten uns gegenseitig helfen, da gibt es einen ungeschriebenen Generationenvertrag unter Gründern. Später haben uns natürlich die Investoren sehr geholfen.

Mann der Zahlen: air-up-Gründer Jannis Koppitz

**Das Gründungsstipendium von der TU München war der erste große Schritt für euch. Welche Auswirkungen hat das für euch?**

◆ *Lena:* Es war der Start dafür, dass wir uns alle zu 100 Prozent committet haben. Vorher war es eher ein Projekt unter vielen. Philips hatte mir gerade einen Job angeboten, ich hätte nach Asien gehen sollen. Als wir das Stipendium im Oktober 2017 bekamen, war für uns klar: Wir machen das. Wir gehen alle nach München. Jeder von uns hatte durch das Stipendium ein Jahr lang ein Monatsgehalt von 1100 Euro. An der Uni hatten wir einen kleinen Raum, wo wir arbeiten konnten.

**Was war am Anfang das Schwierigste?**

◆ *Lena:* Dass wir uns erst mal als Team einspielen mussten. Wie informieren wir uns gegenseitig über die Dinge, an denen wir arbeiten? Welche Strukturen gibt es? Was bedeutet das? Welche rechtlichen Verpflichtungen haben wir? Plötzlich waren wir nicht mehr nur Kumpels, plötzlich wurde es ernst. Wir haben weiter am Produkt gearbeitet – und standen bald vor der Frage, wie wir uns nach dem Stipendiumsjahr weiter finanzieren.

◆ *Jannis:* Am Anfang sind wir da so rangegangen: Wir sind vier gleichberechtigte Gründer – alle müssen das Gleiche machen, an derselben Stelle die gleiche Verantwortung tragen. Wenn wir einen Businessplan schreiben, schreiben den alle. Alle sprechen beim Design mit. Da sind wir dann schnell auf den Trichter gekommen, dass es bei zunehmender Komplexität so zukünftig nicht mehr funktioniert. Also haben wir die Aufgaben nach unseren Stärken aufgeteilt.

**Wie sind jetzt die Rollen?**

◆ *Lena:* Tim ist für die Weiterentwicklung unserer Produkte und die Produktion zuständig. Ich habe das Produkt designt und den Markenaufbau gemacht, kümmere mich um die Markenstrategie, Produktvision und die Kommunikation. Jannis ist unser Mann für die Finanzen. Und Fabian kümmert sich um das operative Geschäft und die Entwicklung des Geschmacks. Simon, unser fünfter Mitgründer, der während des EXIST Stipendiums zu uns gestoßen ist, ist der geborene Verkäufer und bei uns zuständig für Sales und Marketing.

**Was ist dann mit eurem Produkt passiert?**

◆ *Lena:* Wir hatten einen Prototyp, der ganz anders aussah als unser Produkt heute. Die große Hürde war: Wie entwickeln wir diesen Prototyp zu einem finanzierbaren und produzierbaren marktgerechten Produkt. Da haben wir ganz wilde Prototypen gebaut. Unser erster und teuerster Mitarbeiter war ein 3-D-Drucker, mit dem wir das Kopfteil unserer Trinkflaschen hergestellt haben. Als wir mit unserem Prototyp immer weiter kamen, hatten wir ein Ziel: Wir wollten im Sommer 2019 auf den Markt gehen. Warum Sommer? Weil sich da Getränke besser verkaufen. Warum 2019? Weil unser Stipendium aufgebraucht war.

Das Team von air up im August 2021 (von links): Simon Nüesch, Fabian Schlang, Lena Jüngst, Jannis Koppitz, Christian Hauth, Tim Jäger

# Die Zusammenarbeit mit Thelen

**Damit war klar: Ihr braucht Investoren. Wie seid ihr auf Frank Thelen gekommen?**

◆ *Jannis:* Auf einer Start-up-Veranstaltung in München habe ich Franks Freigeist-Partner Niklas Hebborn getroffen. Wir hatten da einen Stand und stellten unser Produkt vor. Niklas hat aus unserer Flasche getrunken und war begeistert.

**Warum seid ihr nicht zur »Höhle der Löwen« damit gegangen?**

◆ *Jannis:* Da wollten wir nicht hin. Wir waren mit unserem Produkt noch nicht fertig. Der ganze Öffentlichkeitseffekt, den wir durch die TV-Sendung bekommen hätten, wäre verpufft. Und es gibt viele Start-ups aus der Sendung, die eine Art Stempel haben: Einmal Aufmerksamkeit – und dann war es das. Das war für uns einfach nicht das Richtige. Zum Glück macht Frank ja auch Deals außerhalb von der »Höhle der Löwen«.

**Wie war der erste Kontakt mit Frank und seinem Team?**

◆ *Jannis:* Ich bin alleine nach Bonn gefahren, das war im März 2018. Die saßen da zu fünft – und ich kam allein, da war mir erst mal etwas mulmig zumute. Der Termin war auf eine Stunde angesetzt – wir haben zweieinhalb Stunden geredet. Alle waren ziemlich begeistert.

**Was unterscheidet Freigeist von anderen Investoren?**

◆ *Jannis:* Andere hätten gesagt: Es gibt keine Mitbewerber – also gibt es keinen Markt, und ihr habt ja auch noch keine einzige Flasche verkauft. Freigeist ist anders. Der große Unterschied ist, dass Frank und seine Partner selbst Gründer sind und verstehen, dass eine Idee nicht zum Scheitern verurteilt ist, wenn man noch kein fertiges Produkt hat. Sie haben einfach den Mut, in junge Leute zu investieren, die das noch nie gemacht haben.

**Was wollten die von dir wissen?**

◆ *Jannis:* Sie wollten erst mal verstehen, was das Produkt ist. Dann wollten sie wissen, was für ein Gründerteam wir sind, wie wir eine Firma aufbauen wollen. Als ich gerade wieder in München angekommen war, hat Niklas angerufen und gesagt, dass sie Lust haben, mit uns zusammenzuarbeiten. Dann sind wir im nächsten Schritt alle gemeinsam nach Bonn gefahren.

**Wie war's für dich, Lena?**

◆ *Lena:* Wir sind da angekommen, hatten noch überhaupt keinen Deal. Und wurden total herzlich empfangen, die haben uns umarmt und sich mit uns gefreut und sich gleich für unser Produkt begeistert.

**Welche Ziele hattet ihr damals?**

◆ *Jannis:* Wir hatten gesagt, im ersten Jahr machen wir 60.000 Euro Umsatz, im Jahr danach 230.000 Euro. Frank wollte wissen, ob das das Maximum ist. Unsere Antwort: Das ist das, was wir wirklich erreichen können. Aber Frank war überzeugt, dass wir viel mehr erreichen können. Und er sollte recht behalten.

**Welche Rolle spielt Frank aus eurer Wahrnehmung im Freigeist-Team?**

◆ *Jannis:* Er ist ein Visionär und absoluter Product-Guy – aber er wäre nicht da, wo er heute ist, ohne seine langjährigen Partner Marc Sieberger und Alex Koch.

◆ *Lena:* Die Freigeist-Partner arbeiten total auf Augenhöhe. Auch die jüngeren Partner reden gleichberechtigt mit – so zumindest mein Eindruck.

**Wie ist Frank so?**

◆ *Lena:* In gewisser Hinsicht ist er schon ein Geek und begeistert sich krass für seine Themen. Und er hat eine starke Meinung. Man kann ihn überzeugen – aber man muss schon diskutieren.

**Gab es da mal hitzige Diskussionen mit ihm?**

◆ *Lena:* Beim zweiten Treffen sollten wir ihm unsere Marketingideen vorstellen. Ich habe dann eine Präsentation gehalten, die viel zu ausführlich war – aber es waren begründete Schritte zum Aufbau unserer Marke. Frank sagte dann: »Ich habe bereits viele Marken aufgebaut, können wir bitte schneller zu den entscheidenden Punkten kommen.« Das fand ich krass.

**Welche Investoren waren außer Freigeist dabei?**

◆ *Jannis:* Wir hatten noch einen Deal mit dem Hamburger Start-up-Investor Christoph Miller, der die Getränke-Expertise hat. Frank hat dann noch Ralf Dümmel hinzugezogen, den er aus der »Höhle der Löwen« kannte. Ralf sollte uns beim Aufbau der Produktion helfen. Frank ist mit uns nach Hamburg gefahren, um das Intro bei Ralf zu machen. Das war eine gute Kombination. Insgesamt haben wir bislang in un-

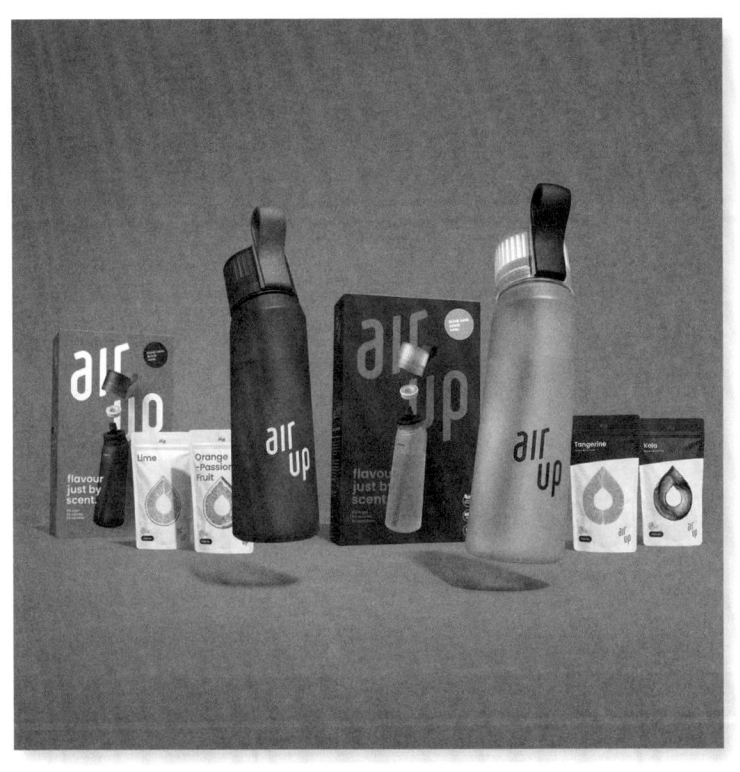

Duft in der Nase, Leitungswasser im Tank: das Prinzip von air up

seren Finanzierungsrunden 62 Millionen Euro eingenommen. Nur ein kleiner Teil davon kam von unseren Seed-Investoren, aber der Hebel für weitere Finanzierungsrunden bedingt durch Franks Bekanntheit und Marcs Support war riesig.

**Wie viel Geld hat Freigeist investiert?**
◆ *Jannis:* Das kommunizieren wir nicht.

**Welchen Anteil hält Freigeist heute noch an air up?**
◆ *Jannis:* Knapp 10 Prozent.

**Ihr Gründer haltet insgesamt noch circa 30 Prozent an eurem Unternehmen. Tut es weh, so viele Anteile abzugeben?**
◆ *Jannis:* Klar, möchte man möglichst wenige Anteile an seinem eigenen Unternehmen abgeben – aber das Produkt hat signifikante Investments gebraucht, um überhaupt auf den Markt zu kommen. Wir hätten uns stark verschulden können und das Risiko einer Privatinsolvenz eingehen können – aber das wollten wir nicht.

**Wie hat euch Frank beim Aufbau der Firma geholfen?**
◆ *Lena:* Freigeist hat unter anderem beim Design geholfen. Frank hat sich sehr für das Produkt interessiert. Er hat immer kritisch nachgefragt. Wir waren enorm unter Druck, weil wir unbedingt im Sommer 2019 auf den Markt wollten und das auch allen versprochen hatten. Wir hätten uns nie getraut, den Termin noch mal zu schieben.

◆ *Jannis:* Bei den Finanzierungsrunden hat uns vor allem Marc Sieberger unterstützt.

◆ *Lena:* Freigeist hatte zu uns als Team immer eine gute Beziehung. Sie haben uns immer in sämtlichen Themen unterstützt und uns auch als Team bestärkt.

### Wie haben euch die Einzelhändler empfangen?

◆ *Jannis:* Wir hatten uns eher nur im Internet gesehen, wo die digital-affine junge Zielgruppe unterwegs ist. Ich war viel im Auto unterwegs, wir waren bei vielen großen Supermarkt-Ketten, wo wir ohne die Hilfe von Frank und Ralf nicht mal einen Termin bekommen hätten. Es war sehr schwer, ein Produkt zu verkaufen, das noch nie auf dem Markt war. Wir wurden teilweise sehr arrogant behandelt. In einer Firma wurde uns über Stunden nicht mal was zu Trinken angeboten, wir saßen in einem stickigen Zimmer, am Ende wurden wir wieder weggeschickt. Andere machten völlig unverschämte Angebote.

### Wie steckt man solche Enttäuschungen weg?

◆ *Jannis:* Sicher wäre es uns lieber gewesen, gleich von allen mit offenen Armen empfangen zu werden. Trotzdem waren wir jederzeit von unserer Idee überzeugt und freuten uns auch über Rückenwind unserer Investoren. Dieser Zusammenhalt und das Vertrauen haben uns immens geholfen! Heute gibt es unsere Flaschen bei Rossmann und Müller – sowie in unserem Webshop und bei Amazon.

### Wer ist eure Zielgruppe?

◆ *Lena:* Die Kernzielgruppe bildet die Generation Z, Leute im Alter zwischen 18 und 25 Jahren.

◆ *Jannis:* Auch an den Schulen wird unser Produkt schon populär – und damit kommen auch die Eltern der Kinder ins Spiel. Die Zielgruppe geht bis 45 Jahre hoch.

### Gab es mal so richtig Ärger?

◆ *Jannis:* Ja, als wir glaubten, wir hätten unser Produkt fast fertig. Frank sagte:»Nein, das Ding kann man nicht mit Sprudelwasser befüllen. Das funktioniert in Deutschland nicht. Wir werden keine Flasche auf den Markt bringen, die keinen Sprudel kann. Punkt Nummer 2: Die Flasche hat nicht genügend Alleinstellungsmerkmal. Produkte, die erfolgreich sind, müssen Wiedererkennungswert haben, siehe Apple. Das bringe ich nicht mit meinem Namen raus,« sagte er. Die Stimmung danach war richtig schlecht. Insbesondere bei den Leuten, die sich vorher die Nächte um die Ohren geschlagen hatten, um das zu entwickeln. Frank hätte seine Botschaft sicher anders kommunizieren können, aber er hatte recht und seine Hartnäckigkeit hat uns im Nachhinein viel Kummer mit unzufriedenen Kunden erspart.

◆ *Lena:* Die Lösung zu Franks Input, der Knick, kam letztlich von ihm selber. Er wollte beim gesamten Prozess dabei sein, hat viele Änderungen durchgesetzt. Jetzt sieht unser Produkt einzigartig aus. Beim Markenaufbau war er sehr leidenschaftlich dabei.

# Der Durchbruch

**Wie war der Start von air up im Sommer 2019?**

◆ *Lena:* Wir hatten 80.000 Flaschen produzieren lassen – eine für uns absurd hohe Zahl. Innerhalb von sechs Wochen waren wir ausverkauft. Das hat uns sehr überrascht.

◆ *Jannis:* Dieses Produkt erfordert Kommunikation – die Leute müssen verstehen, wie es funktioniert. Da war es schon gut, die Bekanntheit von Frank zu nutzen. Er und Ralf Dümmel haben für air up geworben, auch auf ihren sozialen Kanälen. Am Anfang war das ein wichtiger Startschuss für uns. Für diese Schützenhilfe sind wir sehr dankbar.

◆ *Lena:* Wir konnten sagen, Frank Thelen ist unser Investor. Dadurch waren wir interessant – auch für andere Investoren.

◆ *Jannis:* Man muss aber auch sagen, dass nicht jeder Frank liebt. Wir haben seine Prominenz bei unserer Tour zu den Lebensmittelhändlern natürlich genutzt. Die einen lieben ihn, andere mögen ihn nicht. Der Vorbehalt war, dass Frank mit seinem Auftreten, seinem Innovationsdrang ein Problem für die konservativ geprägte Handelsindustrie ist. Er eckt eben an. Dennoch hätten wir ohne seinen Namen bei den meisten nicht mal einen Fuß in die Tür bekommen.

**Frank wird vorgeworfen, dass er mehr ein Entertainer als ein Investor ist. Könnt ihr das nachvollziehen?**

◆ *Jannis:* Ich mag den Investor Frank viel lieber als die Rampensau vom roten Teppich. Er ist viel authentischer, wenn die Kameras nicht an sind.

**Was haltet ihr davon, dass Frank sich mittlerweile auch immer stärker in die Politik einmischt? Überschätzt er sich?**

◆ *Jannis:* Frank findet auch hier sehr klare Worte und nimmt kein Blatt vor den Mund. Das finde ich manchmal ein bisschen schwierig. Aber es gibt wirklich wenige Leute in Deutschland, die für die Gründerszene so viel gemacht haben wie Frank. Er hat das Thema Gründen bekannt gemacht. Und: Er setzt sich für die richtigen Themen ein. Der Politik tut ein Frank Thelen nicht schlecht – einer, der die Innovations-Brechstange ohne Rücksicht auf Verluste ansetzt.

**Kann man Frank näherkommen?**

◆ *Jannis:* Ich finde schon, dass er Leute an sich heranlässt. Er ist sehr herzlich, sehr offen, sehr transparent.

**Was sind Franks Schwächen?**

◆ *Lena:* Ich finde es schön, dass er so impulsiv ist. Manchmal ist das aber natürlich anstrengend. Dann kommst du nur schwer gegen ihn an.

**Jetzt seid ihr seit über zwei Jahren am Markt. Wie viele Flaschen habt ihr schon verkauft?**

◆ *Lena:* Über eine Million Flaschen. 2020 hatten wir einen Umsatz von über 20 Millionen. Wir sind schon in andere Länder expandiert. In Großbritannien, Frankreich, Benelux, Italien und der Schweiz sind wir schon. Als Nächstes wollen wir auf den amerikanischen Markt gehen. Unser Glück ist, dass es so was wie air up auf der ganzen Welt noch nicht gibt.

◆ *Jannis:* Auch China könnte ein spannender Markt für uns sein. Aber China und USA gleichzeitig zu machen, wäre Wahnsinn.

**Wie viele Mitarbeiter hat air up jetzt?**
◆ *Jannis:* 170, die fast alle im Homeoffice sitzen. Sogar Fernoffice in Ländern wie Kanada, Thailand, Indien ist möglich.

**Wo seht ihr air up in fünf Jahren?**
◆ *Jannis:* Wir wollen nicht schnell verkaufen. Wir wollen unsere Marke weltweit etablieren.

◆ *Lena:* Wir wollen den Getränkemarkt revolutionieren und zeigen, Gesundheit und Nachhaltigkeit können Spaß machen und attraktiv für alle sein. Unser Ziel ist es, den übermäßigen Konsum von Zucker in Form von Softgetränken zu reduzieren und gleichzeitig Plastik und $CO_2$ einzusparen.

**Könnt ihr euch ein Start-up-Leben ohne Frank vorstellen?**
◆ *Lena:* Wir emanzipieren uns schon, indem wir uns immer weiter internationalisieren. Frank ist vor allem in Deutschland sehr bekannt. Aber es ist auch nicht selbstverständlich, dass Freigeist als Seed-Investor immer noch so involviert ist und uns bei operativen Themen wie zum Beispiel PR und Fundraising unterstützt.

**Ihr habt euch nach dem Studium entschieden, Unternehmer zu werden. Hat sich's gelohnt?**

◆ *Jannis:* Ich würde es wieder machen. Es wäre sauschwer für mich, einen anderen Job zu finden, der ähnlich viel Spaß macht. Für mich war es immer dann schwierig, wenn es zwischenmenschliche Themen gab, wenn wir uns von jemandem trennen mussten, den ich mochte. Das waren für mich die größten Schläge.

◆ *Lena:* Die Arbeitsbelastung als Gründer ist krass. Aber sie ist aushaltbar. Der größte Vorteil in einem Start-up ist, dass wir die Dinge, die wir uns überlegen, umsetzen können. Am Anfang ist diese Freiheit aufgrund von mangelnden Ressourcen zwar eingeschränkt, aber sie kommt dann zum Zug, wenn man an Themen arbeiten kann, an denen man auch nach 40 Jahren Berufserfahrung als Angestellter nicht arbeiten könnte. Ich finde das saucool.

Frank Thelen ist eigentlich so etwas wie der Außenminister seiner Bonner Beteiligungsfirma Freigeist, die
20 Mitarbeiter hat. Das Tagesgeschäft organisiert er
zusammen mit seinen vier Partnern.

Zwei dieser Partner sind schon sehr lange an Thelens
Seite. Alex Koch, der technische Kopf von Freigeist. Und
Marc Sieberger, der Mann für die Finanzen und das
Rechtliche. Später kamen noch Marcel Vogler und Niklas
Hebborn dazu, die sich vor allem um die Betreuung
der Start-ups von Freigeist kümmern.

Im Gespräch berichten die vier Partner, wie sie sich
die Arbeit aufteilen, wie komplex die Suche nach neuen
Start-ups ist – und welche Stärken und Schwächen
ihr Partner Frank hat.

# Team Thelen: die Macher hinter dem TV-Star – ein Interview mit Alex Koch, Marc Sieberger, Marcel Vogler und Niklas Hebborn

# Von Frank überzeugt

**Alex, du bist der technische Kopf von Freigeist. Wie hast du Frank kennengelernt?**

◆ *Alex Koch:* Zum ersten Mal vor 20 Jahren, als wir beide die Software für CeWe Color, das Fotolabor aus Oldenburg, entwickelt haben. Frank hatte seine Software-Firma, ich hatte meine. Ich habe die Software für die Server geschrieben, er hatte eine Applikation entwickelt, mit der man digitale Fotos verwalten und Abzüge bestellen konnte. Die beiden Software-Einheiten mussten miteinander kommunizieren, und es gab Komplikationen. Wir waren eigentlich Gegner, weil jeder von uns überzeugt war, dass seine Software nicht das Problem war. So habe ich Frank kennengelernt.

**Wie kam es dann, dass ihr gemeinsame Sache gemacht habt?**

◆ *Alex:* Frank hat ip.labs gegründet und sich an mich erinnert. Ich habe in seiner Firma angefangen, nach ein paar Monaten hat er mich zum Partner gemacht.

**Marc, du kennst Frank von allen Freigeist-Partnern am längsten.**

◆ *Marc Sieberger:* Ja, wir haben Ende der 90er-Jahre gemeinsam in einer WG in Bonn gewohnt und sind zusammen Skateboard gefahren. Ich habe in Franks erstem Software-Unternehmen bereits ein bisschen an Webseiten gebastelt. Das war mein erster Berührungspunkt mit der Digitalwirtschaft. Dann bin ich an die WHU gegangen. Wir blieben während meines Studiums in Kontakt. Nach dem Studium stand ich vor der Entscheidung: Unternehmensberatung, Investmentbanking

Alex Koch: der technische Kopf von Thelens Beteiligungsfirma Freigeist

oder Unternehmertum. Start-ups waren in 2005 noch nicht wirklich hipp. Frank hat damals mit ip.labs angefangen und mich gefragt, ob ich nicht für die kommerziellen und Finanzthemen dazukommen möchte.

**Hast du lange gezögert?**
◆ *Marc:* Unternehmertum fand ich grundsätzlich spannend. Und Frank kann schon begeistern. Aber er hat auch eine große Verantwortung gespürt: Er ist beispielsweise zusammen mit mir bei meinen Eltern aufgelaufen, um über Chancen und Risiken von Unternehmertum aufzuklären. Im Ergebnis saß ich nach meinem Studium an einer Privatuni, hochtrabenden Plänen und Praktika in aller Welt plötzlich wieder in Bad Godesberg, mit einem Job, der finanziell nicht mehr abgeworfen hat als eine Stelle in einer Imbissbude.

**109**

War schon in den 90er-Jahren in der Bonner WG
an Franks Seite: Marc Sieberger

**Welche Erfahrungen bei ip.labs nutzt ihr heute als Start-up-Investoren bei Freigeist?**

◆ *Alex:* Bei ip.labs haben wir wichtige Erfahrungen gesammelt: Wie baut man ein User Interface, mit dem Millionen von Privatnutzern Fotoprodukte bestellen können, wie skaliert man die Soft- und Hardware-Plattform für riesige Bestell- und Datenmengen, wie baut man ein Team und die Kultur des Unternehmens auf?

**Marcel, du warst der erste Partner neben den Gründern von Freigeist. Wie bist du zum Team gestoßen?**

◆ Marcel Vogler: Meine Eltern haben mir als Betreiber von McDonald's-Restaurants Unternehmertum vorgelebt, und ich wollte auch immer Unternehmer werden. Im Studium an der WHU musste ich ein Prak-

Vom Praktikanten zum Partner: Marcel Vogler

tikum machen, worauf ich eigentlich keine Lust hatte, ich sah es als Zeitverschwendung. Mein Professor kannte Marc und hat mich zu ihm nach Bonn geschickt. Das war 2016, und Frank war noch überhaupt nicht so bekannt wie heute. Ich habe Frank dann eine Idee für ein Start-up vorgestellt. Nach Sekunde 30 hat er gesagt: »Ich glaub nicht an die Idee, aber du bist ein cooler Typ.« Ich machte ein Praktikum, danach durfte ich einsteigen.

**Welchen Bereich in der Firma verantwortest du?**

◆ *Marcel:* Ich kümmere mich um die Suche nach neuen Start-ups. Wir sind mit Universitäten in Kontakt, die Start-up-Programme haben. Früher haben wir auch Gründermessen besucht. Mittlerweile kommen die meisten Deals über unsere Software zustande: Die durchsucht viele

Aus der Bauindustrie in die Start-up-Welt: Niklas Hebborn

Webseiten von Universitäten und Co. nach neuen Start-ups. Außerdem bin ich erster Ansprechpartner für einige Start-ups, etwa YFood, Endurosat, Smartlane, Robco, Ankerkraut.

◆ *Marc:* Es gibt die technische und die Produkt-Seite, die vorrangig bei Frank und Alex liegt. Und dann gibt es die Business-Seite, auf die Marcel, Niklas und ich uns konzentrieren. Wir machen uns Gedanken zur Kommerzialisierung, analysieren Märkte und arbeiten mit den Gründern an Marketing und Vertrieb. Wir überlegen uns ideale Kundenprofile, wie man diese Kunden adressiert, und helfen unter anderem auch bei der Finanzplanung. Auch der Aufbau des Teams fällt in unseren Aufgabenbereich. Das sind alles Themen, bei denen wir die Gründer unterstützen. Insbesondere am Anfang steigen wir auch in die operative Arbeit mit ein, denn zum Zeitpunkt unseres Seed-Investments sind die Teams in den seltensten Fällen vollständig. Wir springen ein, bis wir ein Team aufgebaut haben, das übernehmen kann.

### Niklas, wie bist du hierhergekommen?

◆ *Niklas Hebborn:* Ich habe mit Marcel zusammen studiert. Mein Vater hat ein Unternehmen in der Bauindustrie aufgebaut und ich habe in seinem Unternehmen mitgearbeitet. Dort habe ich gemerkt, wie toll es ist, Dinge auf die Straße zu bringen und mit Menschen zusammenzuarbeiten. Mein Vater hat die Firma verkauft, ich habe dann bei einer Privat-Equity-Gesellschaft angefangen. Weil die sich für den Einstieg bei einem Food-Unternehmen von Freigeist interessierte, hatte ich wieder Kontakt mit Marcel. Zufällig suchte Freigeist damals noch Verstärkung – wenig später war ich hier. Ich kümmere mich bei Freigeist um den Dealflow und unterstütze bei strategischen Themen, HR und dem Aufbau einer Organisation. Außerdem bin ich erster Ansprechpartner für Xentral, Build.One, air up und Kraftblock.

# Zu Unrecht belächelt: Food-Start-ups

**Welchen Einfluss hatte die »Höhle der Löwen« für euch?**

◆ *Marc:* Unser erstes DHDL-Investment war das Biosuppen-Start-up Little Lunch. Hier haben wir gesehen, dass wir unser Wissen aus der digitalen Welt gut einbringen können. Im Kern sind wir ja Technologie-Investoren. Der Food-Bereich verdient Innovationen. Wenn man sich mal genauer anschaut, wie wir uns ernähren, ist das alles nicht nachhaltig. Das müssen wir ändern. Wir wollten mit Little Lunch eine authentische Marke mit einem guten Produkt aufbauen. Das ist gar nicht so einfach. Aus diesem Prozess ist eine gewisse Expertise entstanden, die uns dann bei weiteren Food-Unternehmen wie 3Bears, Ankerkraut, Pumperlgsund und YFood geholfen hat.

**Die Food-Start-ups werden häufig belächelt. Trifft euch das?**

◆ *Marc:* Mittlerweile wird das Segment sehr ernst genommen. Auch im Food-Bereich sehe ich ganz klare Chancen für Tech-Unternehmen. Wir brauchen zum Beispiel dringend eine nachhaltige Alternative zu Fleisch- und Fischprodukten. Laborfleisch oder -fisch sind nach unserer Ansicht spannende Investment-Bereiche.

**Wie habt ihr über Franks Einstieg bei der »Höhle der Löwen« diskutiert?**

◆ *Marc:* Wir haben uns gefragt: Wird das seriös und groß – oder endet das in einem Vorabend-Klamauk? Letztlich haben Neugier und Enthusiasmus für Start-ups überwogen und Frank hat den Sprung gewagt.

Die »Löwen«-Juroren Thelen und Judith Williams
mit Little-Lunch-Gründer Daniel Gibisch

**Was passiert, wenn ihr einen neuen Deal habt?**

◆ *Niklas:* Technologie liegt bei Alex, Marke, Produkt und Kommunikation bei Frank. Marc, Marcel und ich kümmern uns um Geschäftsmodell und Finanzplanung, machen Verträge und starten mit Recruiting.

◆ *Marc:* Es ist eine Stärke von Frank, dass er kein Autokrat ist. Wir arbeiten im Team. Da geht es nicht um Hierarchie. Wir hatten noch nie einen Fall, bei dem wir uns komplett uneinig waren. Wir diskutieren so lange, bis wir einen gemeinsamen Weg finden.

◆ *Niklas:* Jeder hat hier eine Chance, seine Meinung zu vertreten – sie wird auch gehört. Allen geht es nur darum, eine gute Entscheidung zu treffen.

**Die »Höhle der Löwen« hat Frank prominent gemacht. Der Vorteil liegt auf der Hand: gute Kontakte zu Start-ups, zu Politikern. Welche Nachteile hat das?**

◆ *Marc:* Franks Bekanntheit und offene Kommunikation »mit klarer Kante« machen ihn auch zur Zielscheibe für Kritik aus unterschiedlichsten Motivationen. Natürlich färbt dies auch auf Freigeist und 10xDNA ab. Unter anderem werden wir häufig mit kritischen Sichtweisen auf innovative Technologien konfrontiert. Aber das meiste bekommt natürlich Frank ab.

**Was waren die größten Fehlentscheidungen, die ihr bei Freigeist getroffen habt?**

◆ *Marc:* Wir waren häufig zu zögerlich im Aufbau der Teams. Wenn ich mir das schönreden möchte, argumentiere ich, dass es an unserer bodenständigen DNA liegt. In Wahrheit ist es ein Fehler, der Start-ups gerade in der frühen Phase wertvolle Zeit kostet. Auf der Investment-Seite liegen die größten Fehler in den Investments, die wir nicht gemacht haben, den verpassten Chancen. Verluste aus Fehlinvestitionen verblassen im Vergleich.

**Große Exits gab's in den vergangenen Jahren nicht. Woran liegt das?**

◆ *Marc:* Wir haben das aktuelle Portfolio ab 2014 aufgebaut, sind also circa sieben Jahre dabei. Venture-Capital-Fonds sind oft auf zehn bis 12 Jahre angelegt. Da liegen wir – insbesondere als Seed-Investoren – gut in der Zeit. Und es braucht nun mal Zeit, einen Product-Market-Fit zu finden, das Geschäftsmodell nachhaltig zu skalieren und parallel das Team aufzubauen. Bei Freigeist gibt es kein zeitliches Commitment, da wir keine Fondsstrukturen aufgebaut haben. Wir können die Unternehmen über einen langen Zeitraum hinweg aufbauen und begleiten. Sofern wir unseren Job gut machen, wird der Return größer, je länger wir investiert bleiben.

# Franks Stärken und Schwächen

**Was sind Franks Schwächen?**

◆ *Marcel:* Finanzplanung & Legal-Themen – da hat er einfach nicht die Ruhe für.

**Was heißt das genau?**

◆ *Marcel:* Bevor wir investieren, erstellen wir immer eine Finanzplanung, um unsere Annahmen und Kernhebel zu dem Unternehmen in Excel zu »validieren«. Frank hat sicherlich nicht die Ruhe, so ein Modell im Detail anzuschauen und zu durchdringen. Er ist eher produktgetrieben – aber am Ende muss ein Unternehmen mit den Produkten auch Geld verdienen können.

◆ *Marc:* Frank hat stets so viele Themen auf dem Schreibtisch, dass er sich nicht in einen detaillierten Finanzplan vertiefen will. Er hat oft auch nicht die Geduld, sich einen Pitch vollständig anzuhören. Das kommt häufig ungeduldig rüber. Und dennoch erfasst er mit wenigen Fragen die Essenz des Pitches oder findet die Punkte, an denen die Planung noch hakt. Und: Frank ist in seiner Kommunikation manchmal vielleicht zu direkt und ehrlich. Das wird nicht immer honoriert.

◆ *Alex:* Ja, er ist manchmal ungeduldig. Und er nimmt wirklich kein Blatt vor den Mund. Aber für mich ist das keine Schwäche.

**Welche Stärken hat Frank?**

◆ *Marcel:* Uns zu Entscheidungen führen. Und komplexe Sachverhalte runterzubrechen. Wenn wir ein Unternehmen analysieren, sind das sehr komplexe Diskussionen. Frank ist dann immer ganz gut darin, alles runterzubrechen auf das Wesentliche. Er pusht zu Entscheidungen.

◆ *Niklas:* In vielen Präsentationen stehen die gleichen Buzzwords drin: Künstliche Intelligenz, Blockchain. Die Frage ist immer: Was sind das wirklich für Produkte? Wie kann man das skalieren? Solche Fragen stellt Frank. Und er hat eine unglaubliche Energie, etwas zu bewegen. Er macht das aus Passion heraus. So wie er im Fernsehen ist, ist er auch im

119

Der will nur spielen: Thelen als TV-Juror

Büro. Ich hatte ihn erst in der »Höhle der Löwen« gesehen und dachte, er wäre viel taffer. Aber er ist ein wirklich lieber Mensch, der nur das Beste für dich möchte.

◆ *Alex:* Frank erfasst technische Dinge unglaublich schnell. Er weiß, welche Fragen er mir stellen muss und wie er meine Informationen verwerten kann, um daraus etwas zu formen, was andere verstehen. Wenn ich anfange zu sprechen, verstehen mich viele nicht, weil ich zu tief in die Details gehe. Und es ist egal, mit wem er spricht, der Kanzlerin oder sonst welchen Prominenten – er kommt zurück und ist immer noch der Frank, den ich seit 20 Jahren kenne. Er bleibt so, wie er ist. Ich schätze ihn als Freund sehr.

◆ *Marc:* Frank steht auf einem ethisch soliden Fundament. Die öffentliche Wahrnehmung des berechnenden Raubtier-Investors ist schlichtweg falsch. Frank versucht immer, einen fairen Weg für alle zu finden. In meinen Augen ist das einer der Eckpfeiler für seinen nachhaltigen Erfolg.

Was ist das nächste große Ding? Wie kommt der Tech-Standort Deutschland endlich nach vorne? Das sind Fragen, die Frank Thelen wirklich umtreiben.

Er will andere ermuntern, groß zu denken wie er selbst. Und wie sein Vorbild: Tesla-Gründer Elon Musk.

Thelen hat Physiker, Biologen und Chemiker eingestellt, um Zukunftstechnologien früher zu erkennen als andere. Er hat einen Aktienfonds aufgelegt – ausgestattet mit eigenem Geld, mit dem Privatanleger jetzt ihr Geld so anlegen können, wie er es macht.

Er mischt sich politisch ein, eckt an. So schafft er sich nicht nur Freunde.

# NEUNTES KAPITEL

# Jetzt noch schnell die Welt retten

# Neue Geschäftsfelder

**Frank, kommen wir noch einmal zurück zu Freigeist. Die großen Exits wie bei Wunderlist liegen weit in der Vergangenheit. Ihr habt in viele Start-ups investiert. Wann rechnet ihr mit Rückflüssen?**

▶ Sehr bald. Während sich unser Portfolio hervorragend entwickelte, wurden wenige Start-ups von uns verkauft. Mittlerweile finden fast alle Finanzierungsrunden in unserem Portfolio deutlich über 100 Millionen Euro statt. Wenn wir dann ein paar Prozent unserer Anteile abgeben (Secondary), gewinnen wir ausreichend Liquidität. Beispiel Lilium: Das Flugtaxi-Unternehmen ist im Spätsommer 2021 an die Börse gegangen und wurde zum Start mit über 3 Milliarden Euro bewertet. Unser Anteil lag bei knapp fünf Prozent. Es wird aber auch Exits geben. Mehr kann ich jetzt noch nicht sagen. Das Komfortable an unserer Situation ist, dass wir nicht wie andere Kapitalgesellschaften Rückflüsse mit unseren Anlegern teilen müssen. Wir bekommen 100 Prozent, weil es unser eigenes Geld ist. Wir rechnen in den nächsten zwei bis drei Jahren mit relevanten Rückflüssen und können nun noch progressiver in unser Team und neue Start-ups investieren. Wir hätten damals zum Beispiel die Lilium-Gründer gerne mit 10 Millionen Euro unterstützt, uns fehlten einfach die Mittel dazu. Dies wird sich nun bald ändern.

**Was macht ihr mit dem Geld?**

▶ Einen Teil werden wir in unserem neuen 10xDNA-Fonds verwalten. Zusätzlich werden wir in Zukunft progressiver in neue Technologie-Start-ups investieren. Geld bedeutet Freiheit. Mit unserem

Geld wollen wir klugen Köpfen unkompliziert Geld geben, damit sie effektiv wachsen können.

**Vor drei Jahren hast du gesagt, dass du dich in Zukunft nur noch mit den großen Problemen der Menschheit auseinandersetzen willst, einen digitalen deutschen Weltmarktführer aufbauen willst. Wie weit bist du mit dieser Mission gekommen?**
► Ich bin gut unterwegs. Mit unserem Start-up Endurosat sind wir im Weltall. Mit Robco haben wir ein Robotics-Unternehmen in unserer Firma, das ein wichtiger Player in der Industrie 4.0 werden könnte. Jetzt habe ich ein Expertenteam aufgebaut, das sich selbst finanziert: Wir haben eine eigene Firma gegründet, die einen Aktienfonds verwaltet, in den Privatanleger investieren können. Auch ich lege mein liquides Vermögen in diesem Fonds an. Von den Management-gebühren bauen wir unser Expertenteam aus Physikern, Biologen, Chemikern, Informatikern und anderen aus.

**Welche Bedeutung hat der Aktienfonds 10xDNA für Freigeist?**
► Der Fonds wird das nächste große Standbein von Freigeist. Wir haben Fachleute eingestellt, die die Tech-Firmen tiefgreifend verstehen und unsere Aktien-Experten bei der Auswahl der Titel unterstützen. Wir bauen ein immer größeres Expertenteam auf. Je erfolgreicher wir sind, desto größer werden die Summen, die wir an Gründer ausschütten können.

**Nun wird dir aber vorgeworfen, dass du aus deiner TV-Bekanntheit Kapital schlagen willst. Was sagst du dazu?**
► Genau das Gegenteil ist der Fall. Wäre es mir darum gegangen, aus meiner TV-Persönlichkeit Kapital zu schlagen, hätte ich meine Marke an einen großen Vermögensverwalter lizenziert. Nein, ich wollte mein

Freigeist zählt zu den Investoren des Hyperloop-Start-ups Hardt

eigenes Kapital im Aktienmarkt verwalten – daraus entstand die Idee, das für alle zu öffnen.

**Wie viel eigenes Kapital steckt da drin?**
▶ Ich habe die Hälfte meines liquiden Vermögens in den Fonds gesteckt. Auch Geld von meinem Vater, meiner Frau, Freunden, Partnern und anderen Löwen liegt im Fonds.

**Auf welche Unternehmen setzt du in dem Fonds?**
▶ Die größte Position ist aktuell Tesla. Ebenfalls drin sind Palantir, Fate und Tencent, aber auch jüngere Unternehmen wie Ginkgo Bioworks und TuSimple.

## Was ist das Ziel?

▶ Mein persönliches Ziel ist, dass wir in vier bis acht Jahren das Geld verdreifachen. Ich machte mit meiner privaten Vermögensverwaltung in den vergangenen drei Jahren 600 Prozent. Natürlich können wir bei den Fonds nicht ganz so progressiv investieren und nicht so sehr ins Risiko gehen, wie ich es privat kann.

**Dennoch bist du auf Wirecard reingefallen. Da warst du mit fünf Prozent deines Portfolios drin.**

▶ Als Investor kannst du Geld verlieren, du kannst ganze Investments abschreiben. Wirklich teuer ist es aber, wenn du Gewinner verpasst. Nicht bei Square dabei gewesen zu sein, bei Tesla, bei Bitcoin – das ist teuer. Der gesamte Wirecard-Verlust war vielleicht ein Tag Tesla-Gewinn. Total irrelevant.

*Als Investor kannst du Geld verlieren, du kannst ganze Investments abschreiben. Wirklich teuer ist es aber, wenn du Gewinner verpasst.*

**Aber mit dem Fonds geht doch ein immenses Reputationsrisiko einher: Das Auf und vor allem das Ab wird immer mit deinem Namen verbunden sein.**

▶ Das war eine Überlegung, vor allem, weil auch Freunde investiert haben. Aber im Grunde ist es mir egal. Am Ende des Tages mache ich mein Ding. Wir im Team glauben daran, dass wir in eine Zeit kommen, in der Hyperloops gebaut werden, in der wir uns anders ernähren müssen. Wir glauben daran, dass Gründer Lösungen dafür anbieten. Die Unternehmen werden sich massiv entwickeln. Selbst wenn wir mal 50 Prozent im Minus sind, macht mich das nicht nervös. Ich weiß ja, dass eine fundamentale Entwicklung da ist.

**Wie unterscheidet ihr Hype von Substanz?**

▶ Wir haben extrem erfahrene Physiker, Biologen und Chemiker eingestellt, die uns dabei helfen, gute Entscheidungen zu treffen. Das ist keine Frank-Show, da reden alle mit. Das ist vor allem harte Arbeit.

**Du bewirbst darüber hinaus etwa Laptops, Internetkameras oder Smartphones. Warum machst du das?**

▶ Ich mache das nur mit hochwertigen Produkten, die zu mir passen. Meine allererste Kooperation war $O_2$, die gaben mir 25.000 Euro für einen Tag Filmaufnahmen. Heute sind das völlig andere Beträge. Die Webkameras setze ich selber ein, auch das Handy mit dem aufklappbaren Bildschirm von Samsung begeistert mich. Die neuen iPhones sind nicht mehr spannend, Samsung hat innovativere Produkte. Alles, was mich nicht begeistert oder zu mir passt, sage ich ab.

**Verlierst du damit nicht den Anspruch darauf, als unabhängiger Tech-Experte zu gelten?**

▶ Nein. Ich verhandle jeden Werbedeal so, dass ich unabhängig bleibe. Meine Bedingung ist immer, dass ich auch über die Produkte der Wettbewerber sprechen kann, dass ich Kritik äußern kann. Das mache ich auch. Am Ende hilft das dem Partner und mir.

Unternehmer unter sich: Frank Thelen und Wolfgang Grupp

# Der Tech-Standort Deutschland

**Welche technologischen Etappen kommen in den nächsten zehn Jahren auf uns zu?**

▶ Die nächsten zehn Jahre werden verrückt. Exponentielle Entwicklung fängt immer langsam an – und sie startet jetzt. In zehn Jahren essen wir Steaks aus dem Labor, schweben mit dem Hyperloop nach Paris, nehmen Flugtaxis. Angetrieben wird das von den Chinesen und von amerikanischen Großinvestoren wie Elon Musk oder Jeff Bezos. Wir Deutschen sind leider schlecht aufgestellt.

**Warum?**

▶ Weil wir skeptisch sind. Weil sich unsere politischen Parteien im Klein-Klein aufreiben, anstatt Probleme zu lösen. Aktuell verschieben sich die Märkte. Wenn es schlecht läuft, werden wir in zehn Jahren als Entwicklungsland dastehen.

**Was können deutsche Unternehmen von Google, Amazon, Facebook, Apple lernen?**

▶ Gar nichts mehr. Es gibt bereits eine nächste Generation von Unternehmen. Dazu gehören Palantir und Tesla. Dort kann man sehen, wie Quantencomputer gebaut werden, wie Künstliche Intelligenz eingesetzt wird. Es ist zu spät, jetzt einer Suchmaschine wie Google hinterherzulaufen.

Groß-Denker unter sich: Thelen mit Amazon-Gründer Jeff Bezos

**In Deutschland wird kritisch über Machtkonzentration von Amazon und Facebook diskutiert. Du sprichst häufig vom »unfairen Vorteil«, den Unternehmen haben müssen. Ist das das Gleiche?**

▶ Wir gehen davon aus, dass Palantir die größte Softwarefirma der Welt werden wird. Palantir hat über 15 Jahre einen unfairen Vorteil in der Künstlichen Intelligenz entwickelt. Wie optimiere ich meine Wertschöpfungskette, meine Kundenstruktur – das alles beantwortet die KI. Immer mehr Leute nutzen die Software, dadurch wird sie intelligenter, dadurch bekommt Palantir mehr Geld und kann mehr kluge Köpfe einstellen. Das ist wie bei Google.

Aushilfslehrer: Thelen schlüpfte für eine TV-Show in die Rolle des Lehrers

**Ein Quasi-Monopol.**

▶ Wäre es besser, viele verschiedene Player zu haben? Ja und nein. Schauen wir uns Uber an. Uber hat das Taxigewerbe angegriffen und wurde deshalb kritisiert. Doch jetzt kommen selbstfahrende Autos – und Uber ist damit bedroht. Die Entwicklung wird so schnell, dass es eben diese mächtigen Unternehmen geben wird. Ich glaube nicht, dass man das regulieren kann. Die entscheidendere Frage für Deutschland und Europa ist vielmehr: Wie bringen wir Unternehmen wie Palantir hervor?

**Und, was brauchen wir?**

▶ Den Mut, in der Schule Fächer wie Latein abzuschaffen. Förderung von Frauen. Föderalismus abschaffen. Bessere Bedingungen für Visionäre und innovative Projekte.

**Latein und Föderalismus abschaffen. Wie kommst du darauf?**

▶ Wofür sollen unsere Kinder heute noch Latein lernen? Wieso lernen sie nicht programmieren? Unsere Zukunft ist digital, Programmierer sind aktuell die meistgefragten Talente in der Wirtschaft. Auch unser Staat muss endlich digitalisiert werden. Solange wir am Föderalismus festhalten, wird uns eine einheitliche Reform des Schulsystems kaum gelingen.

**Soll der Staat selbst als Investor auf dem Markt tätig sein?**

▶ Der Staat muss Geld in die Hand nehmen. Der European Investment Fund ist ein guter Weg: Der Staat spiegelt Investitionen privater Investoren und legt den gleichen Betrag drauf. Wir müssen in Deutschland möglichst viele Palantirs gründen. Sie zu zerschlagen, wäre der falsche Weg.

*Wofür sollen unsere Kinder heute noch Latein lernen? Wieso lernen sie nicht programmieren? Unsere Zukunft ist digital.*

# Die Probleme unserer Zeit

**Welche Fehler hat Deutschland in der Wirtschaftspolitik gemacht?**

▶ Der Staat ist nicht agil genug. Gründer sind genauso gelähmt wie große Unternehmen. Wir regulieren immer mehr, deswegen gehen Leute weg.

**Wie bekommen wir den Klimawandel in den Griff?**

▶ Wenn man ernsthaft die Umwelt schützen will, muss man mehrere Dinge tun. Man müsste sich anschauen, welche Regierung in Europa global am besten verhandeln kann. Wir Deutschen sind für zwei Prozent des weltweiten $CO_2$-Ausstoßes verantwortlich. Wir müssen Lösungen bereitstellen, die weltweit skalieren. Solange in Brasilien die Menschen aus Hunger den Regenwald abholzen, können wir eine Menge machen, es wird aber den Klimawandel nicht stoppen. Es war ein Fehler der Bundesregierung, die Atomkraftwerke abzuschalten.

**Warum? Hat die Atomkatastrophe von Fukushima nicht gezeigt, dass der Mensch diese Technologie nicht beherrscht?**

▶ Technologien entwickeln sich weiter. Die ersten Flugversuche sind auch gescheitert. Würdest du heute sagen, dass der Mensch das Fliegen nicht beherrscht? Natürlich war das, was in Fukushima passiert ist, eine furchtbare Katastrophe. Aber inzwischen ist die Technologie so weit fortgeschritten, dass sich ein solches Szenario ausschließen lässt. Käme es zu einem Fehler, würde sich das System sofort automatisch ausschalten. Im Grunde ist Atomkraft aktuell unsere sauberste

Auf Sendung: Thelen als Talkshowgast bei Markus Lanz

skalierbare Energiequelle. Und was tun wir? Wir schmeißen weiter munter Kohlekraftwerke an! China plant x-mal mehr neue, als wir abstellen können. Wir hätten Atomkraft 4.0 liefern können. Gut für das Klima, gut für Deutschland. Wir hätten diese Möglichkeit nicht komplett abschreiben dürfen.

Die Deutschen haben übertriebene Angst
um ihre Daten, findet Frank Thelen

**Du plädierst also für eine weitere Nutzung der Atomkraft. Wie sollte die aussehen?**

▶ Sie funktioniert mit den neuesten Technologien, wie sie unter anderem auch ein Bill Gates unterstützt. Sie bietet eine deutlich höhere Sicherheit, gefährdet keine Mitarbeiter und produziert weniger Atommüll. Ich würde mir wünschen, dass wir eine offene Debatte zu diesem Thema führen und mit Experten sprechen, statt Atomkraft zum Tabuthema zu erklären. Wir haben generell verlernt zu diskutieren, das gilt auch für andere Bereiche.

**Zum Beispiel?**

▶ Warum traut sich kein Politiker zu sagen, dass wir alle weniger Fisch und Fleisch essen müssen? 50 Prozent des ganzen Plastiks im Meer sind Fischernetze. Wir verbieten Strohhalme – das ist super, bitte weitermachen. Aber man muss das mal in Relation setzen. Diese Diskussion will ich führen.

**Siehst du auch Hoffnung?**

▶ Nein, ich sehe schwarz. Die Menschen mit dem großen Geld gehen weg, die sind flexibel und überall herzlich willkommen.

**Was kann Deutschland von China lernen?**

▶ Wir bekommen in Deutschland keine Entscheidungen mehr hin. Wir wollen 5G ausrollen – aber es passiert nicht, weil die Ansätze von Klagen gestoppt werden. Das Gleiche bei den erneuerbaren Energien. Auch wenn ich das politische System dort natürlich nicht gut finde: In China werden Dinge umgesetzt. Ich wünsche mir eine Art Demokratie 2.0: 100 Prozent demokratisch, aber auch agil. Noch geht es uns sehr gut – aber wir sind zu träge.

**Was sind für dich die jetzt wichtigsten Schritte?**

▶ Eine radikale Digitalisierung: 100 Prozent aller geschäftsrelevanten Vorgänge müssen digitalisiert werden. Massive und mutige Investitionen in die Zukunft. Ein Expertenteam, das ein Zukunftspaket für Deutschland beschließt – und durchsetzt.

**Daten sind ein wichtiger Treiber von Innovationen. Kann man den Deutschen die Furcht vor Datenverlust und Überwachung nehmen?**

▶ Das weiß ich nicht. Aber man muss es versuchen. Mit Daten können bessere Entscheidungen getroffen werden, die Pandemie kann besser gemanagt werden. Wir trauen uns ja nicht mal, beim Testzentrum die berufliche Tätigkeit mit abzufragen. Ich glaube an den Schutz der Privatsphäre. Aber man kann über anonymisierte Daten so viel machen – und das trauen wir uns einfach nicht.

# Vorbild: Elon Musk

**Ist Elon Musk ein Vorbild für dich?**

▶ Zu 100 Prozent. Er ist einer der größten Macher der heutigen Zeit. Er zeigt allen, was möglich ist. In der Geschichte wird er bedeutender sein als Steve Jobs.

**Was macht ihn so besonders für dich?**

▶ Ich durfte einen Abend mit ihm sprechen. Das war sehr eindrucksvoll. Er liebt das Leben, er liebt die Menschen. Und er sieht, was möglich ist, wie man die Zukunft positiv gestalten kann. Er wird Hunderte Milliarden zur Verfügung haben und dadurch in eine Aufwärtsspirale kommen.

**Woher beziehst du deine Informationen über Tesla?**

▶ Durch persönliche Gespräche mit Tesla-Zulieferern. Es gibt viele gute YouTube-Videos. Und ich bin selbst Tesla-Fahrer, hatte jede einzelne Generation.

**Du klingst mehr als begeistert. Hast du eigentlich einen Werbevertrag mit Tesla?**

▶ Nein. Es gibt zwar einen Werbefilm mit mir, aber ich habe kein Geld und auch kein Auto dafür bekommen.

**Willst du so sein wie Elon Musk?**

▶ Elon spielt in einer komplett anderen Dimension als ich. Jeder muss seinen eigenen Weg finden. Mein Weg ist: Europäische Gründer dabei

Dem Vorbild ganz nah: Frank Thelen mit Elon Musk

unterstützen, größer zu denken. Er ist Unternehmer. Diesem Stress möchte ich mich nicht mehr aussetzen. Ich arbeite auch jetzt wieder sehr viel – will das aber reduzieren. Ich habe für mich gemerkt, dass ich körperliche Grenzen habe, die möchte ich nicht zu häufig austesten. Elon scheint es in Kauf zu nehmen, sie jeden Tag zu testen.

**Wo liegen denn deine körperlichen Grenzen – wann und wie hast du sie gespürt?**

▶ Am intensivsten, als ich mit meiner ersten Firma gescheitert bin. Da konnte ich mich wochenlang nicht bewegen, hatte Nasenbluten. Aber auch zu Doo-Zeiten bin ich das ein oder andere Mal an meine Grenzen gekommen.

**„Kinder müssen lernen, wie Jeff Bezos oder Elon Musk zu denken«, hast du mal gesagt. Da waren deine Kritiker auch schnell in Wallung.**

▶ Mir wurde unterstellt, dass ich aus allen hart arbeitenden Menschen Elon Musks machen möchte. Darum geht es mir gar nicht. In der Schule lernen die Kinder Geschichte, Deutsch, Mathe, Physik. Was sie nicht lernen: Was ist Unternehmertum? Wie funktioniert unsere Wirtschaft? Wie ticken Elon Musk und Jeff Bezos? Wenn man einmal verstanden hat, wie sie denken und handeln, ist das ein wichtiger Input für das Leben. Warum bekommen wir zum Beispiel einen 10-Euro-Gutschein von Ikea? Ich möchte, dass die Menschen das verstehen: Den Gutschein bekommt man, damit man noch mal in den Laden geht und dort mehr ausgibt als den Wert des Gutscheins. So etwas bringt die Schule den Kindern nicht bei.

# Auf politischem Parkett

**Warum hast du zusammen mit neun anderen Unternehmern im letzten Bundestagswahlkampf 500.000 Euro für die FDP gespendet?**

▶ Es gab eine Abendveranstaltung mit FDP-Chef Christian Lindner, zu der Unternehmer eingeladen wurden. Ich auch. Da waren DAX-CEOs, viele Prominente. Am Ende hieß es: Was machen wir jetzt konkret? Ich sagte 50.000 Euro zu, es wurden insgesamt 500.000. Wir machten eine Pressemitteilung dazu – aber nur drei Unternehmer waren bereit, ihren Namen preiszugeben: Julian Teicke von Wefox, Tao Tao von GetYourGuide und ich. Ich verstand damals nicht, warum die anderen nicht mitmachen wollten.

**Jetzt weißt du es.**

▶ Klar. Und ich weiß, warum die 50.000 bei Parteispenden so eine wichtige Zahl ist. Spenden über 50.000 Euro muss man ad hoc melden. Das wusste ich nicht. Ich spendete, weil die FDP gut für Deutschland ist: Wir brauchen eine Digitalisierung, wir brauchen eine Entbürokratisierung, wir brauchen junge, engagierte Politiker, die gibt es in der FDP. Ich spendete aber nicht nur für die FDP, sondern auch für einzelne Politiker der Union: für Dorothee Bär, für Thomas Jarzombek.

**Welche Politiker zählst du zu deinem Netzwerk?**

▶ Diejenigen, die die Themen Digitalisierung, Innovation und Umweltschutz aktiv vorantreiben wollen. Mit Thomas Jarzombek spreche ich beispielsweise über Raumfahrt, da er für das Thema zuständig ist und wir mit Endurosat ein Satelliten-Start-up haben. Mit Doro Bär

tausche ich mich über KI oder 5G aus. Mit Christian Lindner spreche ich häufig über die Entfesslung und Digitalisierung unseres Staates oder wie wir in Deutschland die Chancen der Blockchain nutzen können.

**Wie angreifbar man ist, wenn man auf dem politischen Parkett unterwegs ist, hast du im vergangenen Bundestagswahlkampf erlebt. Du hattest dich gegen ein rot-rot-grünes Regierungsbündnis ausgesprochen, die Linkspartei als linksradikal bezeichnet und SPD-Spitzenkandidat Olaf Scholz zum Beispiel wegen seinem Nein zur Mitarbeiterbeteiligung in Start-ups kritisiert. Wenig später kursierte ein aus dem Zusammenhang gerissener Satz aus einem alten Podcast von dir im Netz. Darin ging es um das Thema Zwangssterilisierungen und Afrika. Du hast dich vor und nach dem Satz von der Überle-**

143

gung distanziert. Aufgegriffen wurde aber nur ein Teil deines Satzes. Dir wurde Rassismus vorgeworfen. Was lernst du daraus?

▶ Das war ein geplanter Angriff auf meine Person. Es war unglücklich, Afrika und Sterilisationen in einem Satz zu erwähnen, dafür habe ich mich entschuldigt. Mir danach aber Rassismus vorzuwerfen, obwohl ich mich ja genau dagegen ausgesprochen habe, ist ein unzumutbarer Angriff. Solange mir Hater Dummheit, fehlendes Kapital oder anderes vorwerfen, ignoriere ich es. Bei Rassismus, Gewalt und Sexismus hört meine Toleranz auf.

Auf höchster Ebene: Thelen bei einer Veranstaltung mit Angela Merkel

**Warum äußerst du dich überhaupt politisch? Du könntest doch einfach nur Tech-Investor sein …**

▶ Sehr gute Frage. Ich weiß nicht, ob meine politischen Äußerungen immer clever sind. Aber ich bin nicht berechnend, ich spreche das aus, von dem ich überzeugt bin. Und ich versuche zu helfen. Natürlich gibt es viel Gegenwind, wenn ich mich politisch äußere. Das erleben alle, die die Klappe aufmachen. Und wenn du Ärger bekommst, sind alle anderen weg. Auch die, die deine Hilfe sonst immer gerne annehmen. Das ärgert mich. Ich habe keinen Vorteil dadurch, dass ich meine politische Meinung sage.

*Ich weiß nicht, ob meine politischen Äußerungen immer clever sind. Aber ich bin nicht berechnend, ich spreche das aus, von dem ich überzeugt bin.*

Manche sagen, ich besteche die Politiker, um Unterstützung für meine Geschäfte zu bekommen. Das ist Quatsch. Wahrscheinlich werde ich mich zukünftig politisch deutlich weniger äußern. Ich habe genug andere Themen. Aber eigentlich ist es schade.

**Kennst du eigentlich den Twitter-Account Thrank Fehlen, der dich seit einiger Zeit veralbert?**

▶ Ja. Als Rheinländer kann ich über mich selber lachen. Aber diesen Account finde ich nicht witzig.

**Es fällt auf, dass der Grundtenor dieses Accounts lautet: Frank Thelen verbreitet heiße Luft.**

▶ Wenn die Leute mich mit Witz und Kopf veräppeln, finde ich das gut. Aber dieser Twitter-Account ist nicht gut gelungen.

Über den Privatmann Frank Thelen ist wenig bekannt. Was macht er, wenn er nicht mit seinen Start-ups beschäftigt ist? Was steckt hinter der selbstbewussten Fassade?

Ein Mann, der durchaus an sich zweifelt. Ein Ehemann, der den Rat seiner Frau sucht. Und ein Mensch, den es in seiner Freizeit ans Wasser zieht.

# ZEHNTES KAPITEL

# Thelen privat

# Innerlich ein Zweifler

**Warst du eigentlich immer schon so selbstbewusst wie heute?**

▶ Nein. Ich bin nicht so selbstbewusst, wie ich wirke. Innerlich bin ich ein Zweifler. Ich habe immer noch in mir, dass ich ein Verlierer bin: Ich bin von der Schule geflogen, ich habe kein Studium abgeschlossen, ich habe die Riesenpleite hingelegt. Selbst heute sagen noch einige: Thelen ist ein Schwätzer, weil er im Fernsehen ist.

**Wie gehst du damit um?**

▶ Ich mache immer das, woran ich glaube. Ich habe an die »Höhle der Löwen« geglaubt. Es ist okay, wenn ich bei Markus Lanz in der Talkshow sitze. Ich habe über Jahre mehr Selbstbewusstsein ausgestrahlt, als ich hatte. Das habe ich als Gründer in mir: Du musst deine Mitarbeiter überzeugen, die Investoren, die Kunden. Heute bin ich mit mir zufrieden. Aber erst seit Kurzem.

**Was ist passiert?**

▶ Es war ein langer, harter Weg – aber heute bin ich davon überzeugt, dass das funktioniert, was wir machen. Wir werden eines der klügsten und besten Teams aufbauen. Physiker und Chemiker wollen für uns arbeiten, weil Gründer sagen, dass wir der Grund für ihren Erfolg sind. Wir haben es geschafft, eine positive und inspirierende Atmosphäre zu kreieren, sodass die Leute gerne bei Freigeist arbeiten. Das kommt alles zusammen. Und das Selbstbewusstsein kommt hinterher. Ich hoffe, dass ich nicht wieder überschnappe, wie vor meiner

Pleite, und mir wieder einen dicken BMW kaufe. Ich hoffe, es wird ein ruhiges Selbstbewusstsein.

**Kann man Selbstbewusstsein lernen?**

▶ Ich glaube nicht. Du musst wissen, was du gemacht hast. Wenn ein Fußballer weiß, dass er morgens der Erste auf dem Trainingsplatz war, sich gut ernährt hat, jedes Video vom Gegner studiert hat – dann hat er mehr Selbstbewusstsein auf dem Platz. Das ist das, was wir hier machen. Deshalb ist es mir auch egal, wenn manche sagen, dass wir in einer Fernseh-Blase arbeiten. Wir wissen, was wir tun.

**Hat es dich Überwindung gekostet, den Schritt in die Öffentlichkeit zu gehen?**

▶ Nein.

**Warst du nie aufgeregt?**

▶ Nein.

**Wie gehst du denn in so eine Talkshow rein?**

▶ Total unvorbereitet. Die anderen Teilnehmer haben drei Leute, die sie vorbereiten. Ich antworte spontan. Das funktioniert ganz gut. Ich habe mich daran gewöhnt, in der Öffentlichkeit frei zu sprechen.

Kein Lampenfieber: Thelen ist ein gefragter Redner

# Ein Leben ohne Gott – aber mit Schutzengel

**Glaubst du an Gott?**

▶ Nein. Ich glaube an Physik, Chemie, Biologie. Wenn man unsicher ist, braucht man eine Religion. Ich bin nicht dagegen, auch in meiner Familie gibt es gläubige Menschen. Aber meine Religion ist »First Principle Thinking«.

**Gibt es ein Leben nach dem Tod?**

▶ Das weiß ich nicht.

**Welche Rolle spielt deine Frau Nathalie in deinem Leben?**

▶ Meine Frau ist ein extrem wichtiger Teil meines Lebens. Sie erdet mich, sie fordert mich heraus. Mit ihr spreche ich als Erstes über neue Ideen. Sie hat einen großen Einfluss.

**Was machst du eigentlich, wenn du nicht im Job bist? Gibt es den Menschen Frank Thelen?**

▶ Meine Frau ist eher sozial, lädt Freunde ein – und ich ertappe mich dabei, dass ich mit denen wilde Diskussionen über die Zukunft der Menschheit starte, obwohl sie eigentlich nur entspannt grillen wollten. Ich bin so tief in meiner Mission, die Welt zu verändern, dass ich anderen häufig nicht so viel Spielraum lasse. Das ist schwierig. Mein Privatleben existiert kaum.

Wichtige Beraterin: Thelens Frau Nathalie

**Welche Musik hörst du?**

▶ Von Adele über Biohazard zu Jonas Kaufmann. Eine wilde Mischung.

**Was ist dein Lieblingsessen?**

▶ Dill-Nudeln mit Gurkensalat.

**Lieblingsfilm?**

▶ Catch me if you can.

**Und Hobbys?**

▶ Ich schwimme gerne und regelmäßig. Mit meiner Frau gehe ich snowboarden, oder wir fahren eFoil. Ansonsten bin ich im Privatleben so, wie ich im Beruf bin. Das bringt durchaus Herausforderungen mit sich.

**Das heißt, deine Frau ist manchmal genervt.**

▶ Ja. Ohne sie wäre ich noch viel schwieriger. Ich würde 14 Stunden am Tag an unseren Start-ups arbeiten. Das wäre nicht gesund und effektiv. Sie ist mein Schutzengel.

Entspannung am Meer: Thelen auf seinem eFoil

# Zeittafel: Vom Schulverlierer zum bekanntesten Start-up-Investor Deutschlands

### ▶ 1975

Frank Thelen kommt in Bonn auf die Welt. Sein Vater handelt mit Funkgeräten, Handys und Autozubehör, seine Mutter ist Kosmetikerin. Er hat eine ältere Schwester. Das Gymnasium muss Frank wegen schlechter Leistungen verlassen, er schafft den Realschulabschluss und macht danach eine Ausbildung zum Informationstechnischen Assistenten.

### ▶ 1994

Thelen gründet mit 18 seine erste Firma: Softer Solutions, die später mit einer anderen Firma fusioniert und unter der Marke »Create Media« Multimedia-CD-ROMS entwickelt.

### ▶ 1997

Eine neue Firma entsteht: Mit der Twisd AG sammelt Thelen bei Investoren 1,4 Millionen D-Mark ein, um einen Router zu entwickeln, der lokale Netzwerke mit dem Internet verbindet. Doch die Firma gerät in Turbulenzen, als der Neue Markt zusammenbricht. Die Twisd AG meldet Insolvenz an – Thelen muss mit seinem Privatvermögen haften.

### ▶ 2004

Neuanfang: Thelen gründet das Start-up ip.labs, mit dem Fotoprodukte wie Abzüge, Fotobücher und Grußkarten aus Digitalfotos gestaltet werden können. Ein großer Erfolg: 2008 verkauft Thelen gemeinsam mit seinen

Partnern Alex Koch und Marc Sieberger die Firma für zehn Millionen Euro an den japanischen Konzern Fujifilm.

► 2010

Nach dem Exit bei ip.labs beschließen Thelen, Koch und Sieberger, in junge Start-ups zu investieren. Die ersten drei werden zu Erfolgen: Die von Christian Reber und seinen Mitgründern erfundene To-do-Listen-App Wunderlist wird 2015 für 150 Millionen Dollar an Microsoft verkauft. Die Werbeplattform KaufDA wird 2011 von Axel Springer gekauft. Und die Taxi-Vermittlungs-App mytaxi geht 2014 an den Autokonzern Daimler.

► 2014

Thelen steigt als Juror bei der TV-Sendung »Die Höhle der Löwen« ein. Die Sendung, in der Start-up-Gründer um Finanzierung durch die Investoren Thelen oder Judith Williams werben, wird zum Quoten-Erfolg. Thelen wird zum Promi, häufiger Gast in Talkshows – und zur Marke.

► 2015

Thelen und seine Partner steigen beim Flugtaxi-Unternehmen Lilium ein, das im Jahr 2021 an die Börse geht.

► 2017

Thelen gründet die Firma Freigeist. Seine Partner sind Niklas Hebborn, Alex Koch, Marc Sieberger und Marcel Vogler.

► 2018

Thelen veröffentlicht seine Biografie »Startup-DNA: Hinfallen, aufstehen, die Welt verändern«. Sie wird ebenso ein Bestseller wie das Buch »10xDNA – Das Mindset der Zukunft«, das er 2020 vorlegt.

► 2021

Thelen stellt den Aktienfonds »10xDNA« vor. Dafür gründet er eine eigene Firma, in der Biologen, Chemiker und Physiker beschäftigt sind, die nach den Technologien der Zukunft Ausschau halten sollen – so sollen sowohl neue Start-ups gefunden werden, an denen sich Freigeist beteiligen kann, als auch Firmen, in die der Fonds für seine Anleger investiert.

# Über die Autoren

**Beat Balzli** ist Chefredakteur der *Wirtschafts Woche*. Der mehrfach ausgezeichnete Schweizer Journalist war vorher stellvertretender Chefredakteur der Welt-Gruppe. Dort verantwortete er die Welt am Sonntag. Zuvor leitete der studierte Volks- und Betriebswirt drei Jahre als Chefredakteur die Schweizer Handelszeitung. Zudem arbeitete er mehrere Jahre als Redakteur beim Nachrichtenmagazin *DER SPIEGEL* und der Schweizer *SonntagsZeitung*. Er ist Autor des Buches »Treuhänder des Reichs – die Schweiz und die Vermögen der Naziopfer«.

**Volker ter Haseborg** arbeitet seit 2018 als Reporter für die WirtschaftsWoche. Davor war er für das *Wirtschaftsmagazin Bilanz*, das *Hamburger Abendblatt* und die *Münchner Abendzeitung* tätig. Für seine Arbeit wurde der Absolvent der Deutschen Journalistenschule mehrfach ausgezeichnet, etwa mit dem Deutschen Reporterpreis, dem Otto-Brenner-Preis oder dem Medienpreis Politik des Deutschen Bundestages. Er ist Autor des Wirtschaftsbuch-Bestsellers »Die Wirecard-Story«.

# Bildnachweise